entweder / oder

edition assemblage

warum marx bleibt

linketheorie

Bibliografische Information der Deutschen Bibliothek:
Die Deutsche Bibliothek verzeichnet diese Publikation in der Deutschen Nationalbibliografie; detaillierte bibliographische Daten sind im Internet über http://dnb.ddb.de abrufbar.

linketheorie [hg.]

entweder / oder

warum marx bleibt

1. Auflage, 2024
ISBN: 978-3-96042-183-2

info@edition-assemblage.de | www.edition-assemblage.de
Mitglied der Kooperation book:fair

Autor*innen: Lea Rahman, Yannic Hollstein
Umschlag: linketheorie
Lektorat: Willi Bischof | edition assemblage
Satz: Carina Büker | edition assemblage
Druck: Interpress | Printed in Hungary 2024

Danke:

›entweder/oder‹ ist als Projekt aus dem Podcast und der Instagram-Seite *›linketheorie‹* entstanden. Ohne unsere vielen Hörer*innen, Follower*innen und Unterstützer*innen wäre dieses Buch nicht möglich gewesen.

Wir bedanken uns bei dem Blog *onepoliticthought* für die hilfreichen Anregungen und die Unterstützung. Außerdem bedanken wir uns für die Unterstützung von Seiten des Verlags-Teams der edition assemblage bei diesem Projekt. Danke an alle Menschen, die uns auf dem Weg unserer theoretischen Bildung begleiten.

Inhalt

9 Einleitung: entweder/oder

I. Verstehen

20 Ein wissenschaftliches Politikverständnis

43 Das System verstehen

II. Kritisieren

68 Feminismus: materialistisch weiterdenken

84 Individualismus meets Klassenkampf

102 Globaler Kapitalismus und Imperialismus

118 Kapitalismus als ökologische Krise

III. Verändern

134 Perspektiven für einen Sozialismus

166 Anmerkungen

Einleitung: entweder/oder

Linke Perspektiven sind ein Nischenthema. Es heißt deshalb oft, dass Menschen, die linkspolitisch unterwegs sind, in einer Blase leben. Dabei schwingt die Forderung mit, aus dieser Blase herauszukommen – in die ›echte‹ Welt. Aber was soll das sein, die ›echte‹ Welt. Eine Welt, die keine linkspolitischen Veränderungen braucht? Eine solche Welt wäre schön, wir würden gern dort hingehen.

Wenn es sich dabei nur um alles um uns herum handelt, das nicht als links gilt, dann muss sich niemand sorgen. Denn wir können gar nicht anders, als uns damit auseinanderzusetzen. Marxismus ist schließlich eine marginalisierte Perspektive. Sie ist nicht etabliert, in der Schule erfahren wir davon nichts, an der Uni finden wir vielleicht einmal in einem Studiengang ein abgespecktes Seminar zu marxistischen Themen und am Arbeitsplatz braucht man gar nicht damit anfangen. Es muss sich also niemand sorgen, dass Marxist*innen nicht wüssten, was außerhalb ihrer Blase passiert. Wenn wir erwähnen, dass wir Marxist*innen sind, dann müssen wir uns mit allerlei Fragen und Anschuldigungen herumschlagen, die wir mindestens schon fünfmal beantwortet haben. Denn abgesehen von denjenigen, die sich aktiv mit linken Theorien beschäftigen, hat kaum jemand einen Begriff davon, was der Inhalt marxistischer Ansätze über eine grundsätzliche Haltung *gegen den Kapitalismus* hinaus eigentlich ist. Wir wollen diesem Inhalt marxistischer Ansätze deshalb nachgehen und versuchen, Theorie an konkreten Themenfeldern greifbar zu machen.

Marx für alle

Das Spektrum öffentlichkeitswirksamer Debatten, die wir in TV-Shows oder etablierten Zeitungen mit verschiedenen politischen Schwerpunkten mitbekommen, pendelt meistens zwischen liberal und rechts. Wirtschaftsliberal bedeutet eine pro-kapitalistische, pro-unternehmerische Haltung. Also Freiheiten für die Wirtschaft. Politisch liberal bezieht sich auf politische und bürgerliche Freiheiten. In öffentlichen Diskursen schweben dementsprechend auch Themen herum, mit denen sich viele linke Menschen identifizieren, wie die

Geschlechtergleichstellung, Rechte für queere Menschen, Antirassismus und Klimaschutz. Das. gilt vor allem, wenn diese Werte gegen rechts verteidigt werden – und das müssen sie in öffentlichen Diskussionen häufig.

In diesen Debatten gibt es aber auch Perspektiven, die nicht vertreten werden. Während über politische Freiheiten und Rechte gestritten wird, wird wenig über soziale Freiheiten und Rechte gesprochen: das Recht auf Wohnen, das Recht auf Arbeit, das Recht auf Freizeit und so weiter. In den breiten gesellschaftlichen Debatten können viele Menschen nicht gewinnen: arme Menschen, sozial abgehängte und ausgegrenzte Menschen, stark ausgebeutete Saisonarbeiter*innen, illegal hierher verschleppte Arbeiter*innen oder migrantische Menschen, die gerade nicht von einer Quote in Führungspositionen profitieren, weil sie mit ihrem Überleben in einem rassistischen Land beschäftigt sind. In Debatten zwischen liberalen und rechten Perspektiven werden diese Menschen abgehängt und enttäuscht: Für sie gibt es in dieser Demokratie keine Repräsentation. Das Leben im Kapitalismus – obwohl er ein besseres Leben für alle verspricht – scheint nur für einzelne besser zu werden.

Dabei gibt es weitaus mehr als liberale Werte und rechte Parolen. Es gibt einen riesigen Fundus an linken Ideen und Ansätzen. Marxistisch inspirierte Ansätze bieten mehr als nur eine oberflächliche Kapitalismuskritik und ein utopisch scheinendes Wettern für soziale Gerechtigkeit. Der Marxismus bietet uns ein Grundverständnis des Kapitalismus und wie verschiedene Dinge in diesem System zusammenhängen. Vielmehr aber ist er auch eine Methode und bietet ein Sammelsurium an Ansätzen, mit denen die Themen unserer Zeit – und auch die Perspektiven, die Karl Marx im 19. Jahrhundert noch nicht wichtig waren – eingeordnet werden können.

Zu diesen Perspektiven wollen wir mit unserem Buch einen Anstoß geben. Denn das riesige Feld linker und marxistischer Ansätze kann einen regelrecht erschlagen: Wo fange ich an und wo höre ich auf? Muss ich *Das Kapital* von Marx lesen oder sollte ich mich besser mit feministischer marxistischer Theorie beschäftigen?

Als wir begonnen haben, marxistische Literatur zu lesen, sind wir hineingestolpert und haben uns lange durch Bücher gegraben, die wir teils mehr, teils weniger verstanden haben. Und immer mehr hat sich dann ein Verständnis herausgebildet, was Marxismus eigentlich ist – für uns. Wir wollen diesen Überblick über linke Ideen und marxistische Ansätze erleichtern. Denn wir haben keine Zeit: Wir leben in einer Phase, in der rechte Kräfte auf dem Vormarsch sind. Sie dringen europaweit in die Regierungen vor, in Deutschland werden sie stärkste Kraft in Landesparlamenten und große Köpfe der AfD treffen sich gemeinsam mit Unternehmern und CDU-Mitgliedern, um Deportationen zu planen.[1] Wir müssen diesem Trend etwas entgegensetzen: Der liberale Traum vom Aufstieg durch den Kapitalismus hat in einer Welt, in der die Probleme dieses Systems immer deutlicher werden und der versprochene Wohlstandszuwachs ausbleibt, ausgedient. Was wir brauchen, das sind Argumente und Visionen, die uns wieder daran glauben lassen, dass ein besseres Leben für alle tatsächlich möglich ist.

Theorie als Werkzeug aneignen

Dabei müssen wir nicht einen Aspekt auf Kosten eines anderen priorisieren: Ziel unseres Projektes war es immer, mehrere Aspekte zusammenzudenken und die marxistischen Ansätze als Werkzeug zu benutzen, um unsere Welt heute zu verstehen. Wir müssen uns nicht für marxistische Theorie verbiegen, sondern sie soll uns eine Hilfe sein.

Das ist die Idee, mit der wir, das sind Yannic und Lea, dieses Buch begonnen haben: Wir wollen uns verschiedenen Themen nähern, die in linken Debatten der heutigen Zeit unabdingbar sind. Wir möchten den gängigen Diskursen zu Feminismus, Identität, Umwelt und globaler Ungleichheit etwas entgegensetzen und versuchen, sie marxistisch einzuordnen und zu deuten. Indem wir uns den Themen in Gesprächen nähern, zeigen wir, wie vielseitig das Spektrum marxistischer Ansätze ist, welche Fragen wir uns als Marxist*innen stellen und wie sie beantwortet werden können. Dieses Buch ist keine Anleitung, es ist kein strukturiertes Einführungsbuch in den Marxismus, das es durchzupauken gilt, damit man sich danach ›Marxist*in‹ nennen kann. Sondern es ist ein Angebot. *›entweder/oder‹* wirft Schlaglichter und Impulse auf linke Debatten, anstatt ›linke Theorie‹ abschließend zu bearbeiten. Genauso wenig werden wir das Rad neu erfinden und ganz neuartige, nie zuvor gedachte Konzepte und Ideen vorstellen. Denn marxistische Theorie ist das, was eine Bewegung in 150 Jahren an Konzepten und Ansätzen zum Verstehen und Verändern der Welt produziert hat. Die linke Bewegung steht vor einer riesigen theoretischen und praktischen Aufgabe, wenn sie sich die eigene Geschichte und Theoriebildung aneignen will. Sehr vieles brauchen wir nicht neu theoretisieren, denn es wurde schon gedacht und verstaubt jetzt in alten Bücherschränken, anstatt in die Welt getragen zu werden. Weil es keine Institutionalisierung marxistischer Ansätze gibt, in der die Geschichte – und auch verschiedene, sich sogar entgegenstehende Schulen des Marxismus – aufgearbeitet und vermittelt werden, erscheint es als endlose Aufgabe, diese Ansätze *neben* Schule, Ausbildung, Studium, Hausarbeit, Carearbeit und Lohnarbeit aufzuarbeiten. Die Wiederaneignung dieser Gedanken bleibt damit eine Aufgabe, die uns Marxist*innen begleitet. Auch wir allein können das nicht leisten. Was wir dagegen vorhaben, das ist zu zeigen, welche Werkzeuge aus dem riesigen ›marxistischen Handwerkskoffer‹ an Theorien *uns* dabei helfen, aktuelle Entwicklungen zu verstehen und unsere Handlungsoptionen abzuschätzen. Wir wollen keine Philosoph*innen, keine Ökonom*innen, keine Soziolog*innen und auch keine Politolog*innen sein. Wir möchten Philosophie, Ökonomie, Soziologie und das politische Denken nutzen, um die Welt zu einem besseren Ort zu machen. Und dieses Buch ist das Angebot, diesen Weg mit uns zu gehen.

Wenn wir Theorie als Werkzeug bezeichnen, dann meinen wir das genau so. Marxistische Theorie unterscheidet sich wesentlich von rein universitären und schöngeistigen Philosophien und Wissenschaftstraditionen. Das liegt weniger an der Methode, als an dem Anspruch: Marxismus war von Beginn an eine ›Philosophie der Praxis‹[2] – ein Ansatz, der die Welt verändern, nicht nur interpretieren will.[3] Wir nehmen diese Lesart des Marxismus beim Wort. Wohlwissend, dass es auch andere Meinungen gibt, ist Marxismus für uns eine Theorie mit dem Ziel, *praktisch* zu werden: Wir wollen den Kapitalismus überwinden, wir wünschen uns die Befreiung der unterdrückten, ausgebeuteten und marginalisierten Menschen, wir wünschen uns eine bessere Welt für alle. Mit diesem Anspruch werden wir notwendigerweise anders schreiben, als es hochkarätige Intellektuelle tun, die

Marxismus als Theorie an sich, *als Selbstzweck* betreiben. Unser Ziel ist es gerade nicht, die Theorie weiterzutreiben und uns neue, komplizierte Begriffe auszudenken, sondern wir wollen Theorie aus einem eingeschworenen Kreis akademischer Marxist*innen heraustragen. Theorie soll zugänglich und anwendbar sein für alle, denen marxistische Perspektiven in ihrem bisherigen akademischen oder nichtakademischen Umfeld fehlen oder die vielleicht auch keine Lust oder Kapazitäten für dicke Wälzer mit schwierigen Begriffen haben. Unser Schreibstil ist deshalb nicht literarisch, nicht schöngeistig und wir werden damit wohl keine Literaturauszeichnung gewinnen. Wir möchten schreiben, um verstanden zu werden. Marxistische Theorie braucht keinen Berg an schönen Worten, hinter dem sie sich verstecken muss: sie ist selbst gewaltig genug.

Was uns auf diesem Weg immer wieder begegnet ist das Entweder/Oder. Es gibt nicht immer einen Weg in der Mitte, einen Weg der Kompromisse und Eingeständnisse – so sehr wir es uns wünschen. Manchmal müssen wir uns entscheiden. Wir sehen das in aktuellen Verschiebungen in Richtung rechts: Es gibt keine gemäßigte Rechte, sondern wir müssen uns klar gegen rechts entscheiden. Es gibt keinen Mittelweg zwischen Menschenfeindlichkeit und keiner Menschenfeindlichkeit. Und auch die ›soziale Marktwirtschaft‹ hat die Entscheidung zwischen Kapitalismus und einer sozialistischen Gesellschaft nicht aufgehoben, sondern nur aufgeschoben. Immer mehr wird deutlich, dass die ›soziale Marktwirtschaft‹ ein schlechter Kompromiss war, der einer Gruppe von Staatsbürger*innen Wermutstropfen in Form einer maroden Gesundheitsarchitektur, Renten knapp an der Armutsgrenze und ein ›Bürgergeld‹ einräumt – gerade genug, um den Kapitalismus als imperialistisches, ausbeuterisches System trotzdem aufrechtzuerhalten. Die Frage, ob Kapitalismus nicht doch überwunden werden sollte, stellt sich weiter. Denn es ist ja gerade der Kapitalismus, der laufend Widersprüche produziert, der uns laufend vor neue Entscheidungen stellt. Denn während er Wohlstand verspricht, erzeugt er »selbst immer neu die objektiven wie subjektiven Bedingungen seiner eigenen – sozialistischen – Negation«[4]. Indem er permanent soziale Verwerfungen erzeugt, zum Beispiel in Form enormer Ausbeutung von Arbeitenden, Erwerbslosigkeit, Umweltzerstörung und des Abbaus ehemals staatlicher Versorgungssysteme, ist es der Kapitalismus selbst, der die Grundlagen für den Wunsch nach einer Überwindung dieses Systems schafft – und damit die Grundlage für Forderungen nach einem Sozialismus. All die Reformen, mit denen der Kapitalismus zu regulieren versucht wurde, wurden entweder wieder zurückgedrängt oder nur für eine auserwählte Menschengruppe umgesetzt, sodass sie Probleme bloß verlagerte. Denn was nicht reformiert werden kann ist die Tatsache, dass das kapitalistische System Ausbeutung und Aneignung braucht, damit Profit gemacht werden kann. Es bleibt also die schon von Rosa Luxemburg postulierte Frage: *Entweder* Sozialismus *oder* Barbarei?[5]

Die Welt deuten

In mehreren Gesprächen, die nicht immer eine Debatte in Form eines »entweder/oder«, sondern häufig auch in Form eines »Ja, und …« sind, nähern wir uns marxistischer Theorie. Wir sind unterschiedlich zu linkspolitischem Denken gekommen, doch was uns beide an marxistischen Ansätzen begeistert ist ihre Vielseitigkeit und Anwendbarkeit. Dazu gibt es einige Grundlagen, wie die philosophischen Aspekte marxistischer Theoriebildung, die häufig unter dem Titel ›historischer Materialismus‹ zusammengefasst werden. Eine marxistische Herangehensweise an Politik unterscheidet sich dadurch von anderen, dass sie einerseits Dinge in ihrer geschichtlichen Entstehung und Veränderung betrachtet und andererseits die materiellen Verhältnisse als Grundlage sieht: Denn wir alle müssen essen, trinken und brauchen ein Dach über dem Kopf. In welchen ökonomischen Verhältnissen wir uns befinden und wie das gesellschaftlich organisiert und verteilt ist, das ist die Grundlage einer Gesellschaft und beeinflusst daher auch andere politische Entwicklungen. Diese ökonomischen Verhältnisse sehen wir uns unter dem Titel ›Das System verstehen‹ an. Denn wir sind der Meinung, dass ein Verständnis für die ökonomischen Verhältnisse, in denen wir leben, die Voraussetzung für eine gute Gesellschaftskritik sind. Was linke Bewegungen brauchen, das sind auch gute Argumente, um rechten und wirtschaftsliberalen Phrasen etwas entgegenzusetzen.

Im ersten Teil wird es – wie auch in anderen Kapiteln – notwendigerweise Überschneidungen geben. Denn gerade die folgenden zwei

Kapitel bilden eine Grundlage, die in die nachfolgenden Gespräche hineinfließen. Gleichzeitig ist auch diese Anwendung nicht vollumfassend: Wir betrachten Feminismus und Identität, wir sehen uns globale Ausbeutungsverhältnisse und ökologische Aspekte an, aber wir handeln nicht jede Dimension an Ungleichheiten, Diskriminierung und Ausbeutung ab – dafür gibt es viel zu viele Verschränkungen mit dem Kapitalismus. Viel eher versuchen wir beispielhaft zu zeigen, welchen Nutzen eine marxistische Weltsicht für Debatten unserer heutigen politischen Landschaft hat.

Mit der philosophischen und ökonomischen Basis gehen wir an verschiedene Themenbereiche heran und zeigen Perspektiven, wie diese mit unserem marxistischen Blick eingeordnet oder hinterfragt werden *können*.

Dabei bleibt es nicht bei einer Kritik beispielsweise des liberalen oder radikalen Feminismus. Vielmehr setzen wir diesen Perspektiven eine materialistische entgegen, die einzelne Aspekte von anderen Feminismen mit aufnimmt, und anderen widerspricht. Gerade an feministischen Debatten lässt sich die marxistische Bedeutung von Materialismus besonders gut veranschaulichen: Während Radikalfeminist*innen auf eine scheinbar ›biologische Zweigeschlechtlichkeit‹ pochen und liberale Feministinnen ›Gender‹ und ›Bewusstsein‹ auf einer sprachlich-kulturellen Ebene interpretieren, bezieht sich ein marxistischer Materialismus auf gesellschaftliche Verhältnisse. Er betrachtet, wie körperliche Gegebenheiten in unserer Gesellschaft mit kulturellen Praktiken verbunden werden und daher diese Praktiken hervorbringen. Dadurch wird eine neue Materialität geschaffen. Diese Materialität, die sich darin zeigt, dass sich Menschen aufgrund des ihnen zugeschriebenen Geschlechts dann tatsächlich in anderen Gefühlswelten und Lebensrealitäten befinden, ist gesellschaftlich geschaffen – und damit veränderbar.

Ähnlich nehmen wir Identitätskonzepte und Individualismus in den Blick. Neben der historischen Perspektive, das heißt indem wir uns ansehen, wie sich Individualität im und durch den Kapitalismus entwickelt hat, geben wir einen Ausblick darauf, was diese Perspektive für einen Sozialismus bedeuten kann, der im Heute ansetzt: Denn wir wollen keinen Sozialismus, der uns zurück in die Höhle bringt, wir wollen einen Sozialismus, der die Errungenschaften der Menschheit aufrechterhält und allen nach ihren Bedürfnissen zugänglich macht.

Dabei wäre es falsch, nur auf die Entwicklungen im sogenannten Westen zu schauen. Denn diese Staaten sind eingebettet in ein kapitalistisches Weltsystem voller Ungleichheiten und Abhängigkeiten, in dem sie jeweils ihre eigenen Interessen rücksichtslos verfolgen. Dazu gehört zum Beispiel die Durchsetzung der Interessen der jeweils national angesiedelten Großunternehmen, auch wenn das imperialistischer Einmischung in andere Wirtschaftssysteme bedarf. Diese globale Perspektive ist unabdingbar, wenn wir über Sozialismus sprechen: Denn wir können nicht davon ausgehen, dass ein sozialistisches Land weiterhin auf der Ausbeutung ärmerer Staaten der globalen Peripherie aufbauen kann. Unsere Vorstellungen einer gerechten Welt dürfen nicht auf Imperialismus beruhen.

Genauso wenig können ökologische Aspekte ignoriert werden: Der Kapitalismus ist an sich krisenhaft, denn er basiert auf der Aneignung und Ausbeutung seiner eigenen Grundlagen: Natur und Menschen. Er produziert deshalb nicht nur soziale Verwerfungen, sondern auch laufend ökologische Krisen – der Klimawandel ist nur ein Beispiel. Trotzdem ist Sozialismus kein Selbstläufer: Denn auch ein Sozialismus wäre auf Basis einer bedingungslosen Aneignung von Natur vorstellbar. Was Sozialismus für die ökologische Bewegung bedeuten kann, das ist, dass er eine Grundvoraussetzung für gesamtgesellschaftliches, nachhaltiges Handeln ist.

Sozialismus bedeutet vor allem ein bedürfnisorientiertes System, das statt auf Profite und Mehrwertausbeutung, auf die Befriedigung menschlicher Bedürfnisse in der Gesellschaft ausgerichtet ist. Damit werden viele Grundlagen kapitalistischer Verwerfungen aufgehoben. Ein Sozialismus ermöglicht es, die Gesellschaft bewusst und gerecht zu gestalten. Aufbauend auf unseren Gesprächen in diesem Buch wollen wir in einem letzten Schritt skizzieren, wie das funktionieren kann.

I. Verstehen

Ein wissenschaftliches Politikverständnis

Lea: Ich bin ziemlich klischeehaft zum Marxismus gekommen. In meinem ersten Studiensemester habe ich mir das *Manifest der kommunistischen Partei* von Karl Marx und Friedrich Engels aus dem Internet geladen und, bewaffnet mit Textmarkern und Notizbuch, gelesen. Als junge Studentin fand ich es wichtig, bekannte politische Werke gelesen zu haben. Der tatsächliche Inhalt der Werke war für mich dabei kaum interessant. Aber Marx war faszinierend, ein Klassiker, ein Symbolbild einer neu organisierten Gesellschaft und gleichzeitig Vordenker für das, was meine Eltern, Lehrer*innen und die Medien als großes Übel gezeichnet hatten: ›Kommunismus‹ – eine totalitäre Ideologie, die den Menschen alles Glück wegnehmen würde. Oder so ähnlich. Mehr habe ich auch nicht darüber nachgedacht.

Als ich dann das *Manifest der kommunistischen Partei* gelesen habe, ging es mir, wie den meisten: Man liest da nichts von einem totalitären Staat. Ich fand vielmehr eine Kritik, die mir nicht nur berechtigt, sondern auch heute noch passend erschien. Es war nicht der Inhalt, der mich veränderte, sondern die Erkenntnis, dass dieser ›Marxismus‹ vielleicht nicht das ist, was ich über ihn dachte.

In den folgenden Jahren gab es viel aufzuholen: immerhin hatte ich mich nie mit linken Gesellschaftsperspektiven auseinandergesetzt, sie erschienen mir ideologisch. Ich musste erst lernen, dass wir nicht davon wegkommen, auf irgendeine Weise ideologisch zu denken – und die Werte, die ich notwendigerweise meinem Denken voranstelle, lieber den Wunsch nach einer besseren Welt widerspiegeln als kapitalistische, imperialistische, menschenfeindliche Werte.

So stolperte ich in die Gedanken von Marx und in das Denken von unzähligen Menschen, die eine bessere Welt entwerfen wollten. Mit Marx die Welt zu verstehen, bedeutet für mich, sie wissenschaftlich zu betrachten und zu kritisieren. Es bedeutet, die Zusammenhänge, Strukturen und Dynamiken von Gesellschaften zu identifizieren, deren wirtschaftliches Zusammenleben kapitalistisch gestaltet ist und dabei auf das Ziel hinzuarbeiten, diese Gesellschaft zu überwinden. Dabei können wir weder auf das Element der Wissenschaftlichkeit noch auf das der Praxis verzichten. Wissenschaft ist die Grundlage für unsere Kritik und unsere Gesellschaftsvisionen. Gleichzeitig ergibt Wissenschaftlichkeit keinen Sinn, wenn wir damit nichts anfangen können und sie in staubigen Bücherregalen verendet. Insofern sehe ich die marxistische Wissenschaft als ein Werkzeug: nicht nur, um das kapitalistische System zu verstehen und zu kritisieren, sondern auch für unsere politische Praxis. Und unsere politische Praxis ist *heute* ein Kampf gegen alles, was falsch läuft, und bedeutet *in der Zukunft* den Aufbau und die (Weiter-)Entwicklung einer nicht-kapitalistischen Gesellschaft.

Ich weiß, dass dein Weg zu linker Theorie weniger geradlinig, weniger aus der Wissenschaft herauskommt als meiner. Was bedeutet Marx – oder marxistische Wissenschaft – für dich?

Yannic: Meine politische Entwicklung beginnt nicht mit Marx, einem Anspruch auf Wissenschaftlichkeit oder einer Vision für die Zukunft. Sie beginnt mit einem Film – im Wohnzimmer meiner Eltern: Auf dem Bildschirm läuft Moritz Bleibtreu als Andreas Baader ohne Unterhose unter seiner Jeans und mit der Zigarette im Mund und Martina Gedeck schreibt als Ulrike Meinhof, dass jeder Bulle ein Schwein sei und als solcher behandelt werden müsste. Statt um ein Verständnis für politische Zusammenhänge ging es um Ästhetik. Anstelle von Marx ging es um Mao. Anstelle von Theorie ging es um politische Praxis, um der Praxis willen. Natürlich war die Ästhetik des linken Widerstands, der *Way of Life* und *Way of Fight* der Stadtguerilla, nicht losgelöst von Gerechtigkeitsgefühlen und politischen Ansichten. Ich habe mich nicht für die Zigaretten in den Händen von Helmut Schmidt interessiert, sondern für die Zigaretten in den Händen von Andreas Baader. Aber links zu sein war auch eine

Jugendbewegung und das rote Buch in meiner Tasche. Links zu sein war auch Ästhetik.

Am 11. März 2011 fand die Nuklearkatastrophe in Fukushima statt. Ausgelöst durch das Tōhoku-Erdbeben tötete ein Tsunami mehr als 20.000 Menschen und löste in drei Blöcken des Kernkraftwerks Fukushima Daiichi Kernschmelzen aus. Das war die zweite Hälfte meiner Politisierung: In den folgenden Wochen war ich mit der Anti-Atomkraftbewegung auf den Straßen, demonstrierte, dichtete Sprechchöre und bastelte Demoschilder.

Die Rote-Armee-Fraktion und Fukushima stehen, denke ich, sinnbildlich für den Weg von vielen Linken in die politische Arbeit: Unglücke, Ungerechtigkeiten, Gewalt und Diskriminierung empören und treiben auf die Straße. Gleichzeitig ist die linkspolitische Bewegung ein Sammelbecken für das Gefühl, dem Hier und Jetzt entgegenzustehen, sich nicht in der Form vergesellschaften lassen zu wollen. Dass etwas falsch daran ist, wegen Ästhetik und der linken Szene an sich ›links‹ zu sein, liegt auf der Hand – auch wenn wir nicht unterschätzen sollten, was solche Gefühle für das Politische in Gesellschaften leisten können. Aber Gefühle können sich verändern: Wann immer sich das Herz entwickelt, wann immer die Anziehung verschwindet, wendet man sich ab.

Aber auch die fehlende Unterhose von Andreas Baader und die Strahlung in Fukushima sind Teil meiner halbgaren politischen Entwicklung. Ich bin auf die Straße gegangen, weil protestiert wurde, nicht weil ich etwas verstanden habe. Ich bin auch auf die Straße gegangen, weil Demonstrationen ein zentrales Element linker politischer Praxis sind. Und ich bin auf die Straße gegangen, weil mir etwas falsch vorkam und ich das Problem direkt angehen wollte. Aber weil ich auf der Straße war, habe ich angefangen, verstehen zu wollen. Und nur deswegen wollte ich verstehen, wie gute politische Praxis aussehen kann, die nicht bloß auf alles reagiert und sich im Kreis dreht, sondern die dafür sorgt, dass Krisen und Unglücke gar nicht erst passieren.

Das Denken von Marx steht auf der Seite der politischen Praxis – auf der Seite der Emanzipation des Menschen von allen Verhältnissen, in denen er ein »erniedrigtes, ein geknechtetes, ein verlassenes, ein verächtliches Wesen ist«[6]. Es ist aber mehr als das. Es ist eine ausführliche Analyse unserer jetzigen und vergangenen Gesellschaften, eine Analyse möglicher Zukünfte; ein Werkzeug, um unter die Oberfläche der unmittelbaren Ereignisse und Phänomene zu blicken, um das Räderwerk im Inneren unserer Gesellschaft zu verstehen und veränderbar zu machen. Der Welt mit Marx zu begegnen bedeutet, versuchen zu verstehen, warum die Welt um uns herum so ist, wie sie ist; zu was für einer Welt wir sie machen können und wie unsere politische Praxis dafür aussehen muss.

Aber vielleicht fangen wir ganz vorne an: bei den verbreiteten politischen Weltbildern. Was sind die Schwächen vieler liberaler oder auch rechter Herangehensweisen an Politik und Gesellschaft?

Lea: Rechte Ideologien sind in ihrer Struktur eigentlich recht simpel. Nicht, weil sie, wie oft gesagt wird, einfache Antworten auf komplexe Fragen bieten, sondern weil sie einfache Antworten für die strukturellen Probleme des Kapitalismus finden, die von der Demokratie nicht angegangen oder verbessert zu werden scheinen. Die kapitalistische Produktionsweise[7] bringt Widersprüchlichkeiten hervor, die sich in regelmäßigen Krisen zeigen. Obwohl ein wirtschaftlich starkes Land wie Deutschland diese durch eine gute Wirtschaftspolitik abfedern kann, lassen sie sich nicht vollständig verhindern. Hinzu kommen Ungleichheiten, die trotz der Versprechen des Kapitalismus, sozialen Aufstieg zu ermöglichen, nicht verschwinden, sondern sogar zunehmen. Die Reallöhne sinken, die Preise steigen und gleichzeitig werden die Reichen immer reicher. Große Immobilienkonzerne, Investor*innen und Spekulationen auf dem Wohnungsmarkt treiben die Wohnungspreise in die Höhe oder führen dazu, dass Wohnungen zurückgehalten werden, weil mit Leerstand gutes Geld gemacht werden kann. Der öffentliche Nahverkehr ist mangelhaft, die Krankenkassen übernehmen die Kosten für immer weniger Behandlungen. Und wenn sie doch etwas übernehmen, nehmen sich Ärzt*innen keine Zeit, sodass man am Ende mehrere Ärzt*innen aufsuchen muss, um endlich eine korrekte Diagnose zu erhalten. Selbst in Krankenhäusern steht alles im Zeichen des Profits, die Behandlung ist dürftig und im schlimmsten Fall bekomme ich eine Behandlung, die nicht die für mich beste Option ist, sondern die mit der höheren Fallpauschale.

Das alles sind Probleme, die grundsätzlich mit der kapitalistischen Organisation unserer Gesellschaft zusammenhängen. Das betrifft menschliche Grundbedürfnisse wie Wohnen, Gesundheit, Mobilität. Die kapitalistisch geprägte Demokratie geht diese Probleme nicht an. Regulierungen an der einen Stelle werden oft durch Privatisierungen an anderer Stelle ausgeglichen. Diese strukturellen Probleme lassen sich nicht einfach als ›komplexe Fragen‹ abhandeln. Im Kapitalismus können sie zwar reguliert, aber nicht beseitigt werden. Das führt zu ihrer scheinbaren Unlösbarkeit, da sie von etablierten Medien und Parteien nicht ausreichend thematisiert werden. Das wiederum bietet rechten Ideen eine Plattform. Wenn Menschen erkennen, dass die Wohlstands- und Aufstiegsversprechen sich nicht realisieren und sich ihre Situation stattdessen verschlechtert, entsteht ein fruchtbarer Boden für ein neues Selbstbewusstsein – in diesem Fall als ›Deutsche*r‹. Die deutsche Identität wird dann zum letzten verbliebenen Wert. Die Schuld für die Probleme wird dann nicht dem Kapitalismus zugeschrieben, sondern allem, was ›nichtdeutsch‹ oder anderweitig progressiv ist. Die Beschuldigungen richten sich nicht gegen den *Wirtschaftsliberalismus*, sondern gegen den *politischen Liberalismus*. Doch diese Beschuldigungen ändern nichts an den eigentlichen Problemen. Der Kapitalismus und seine Probleme scheinen so verwurzelt und unhinterfragbar, dass die einzige Möglichkeit für eine bessere Welt darin zu bestehen scheint, sich über Menschen, die als ›nicht deutsch‹ wahrgenommen werden, über Frauen, queere Menschen und alle anderen Menschen mit abweichenden Lebensentwürfen oder -umständen zu erheben.

Rechte Ideen manipulieren also nicht nur Menschen und sind grundlegend menschenfeindlich, sondern sie gehen vollständig an den Ursachen vorbei – nämlich, dass unser Staat ein kapitalistisch geprägter Staat ist und deshalb die Interessen des Kapitals vertritt. Dass das – abgesehen von Regulierungen – nicht verhandelbar ist, das zeigt sich auch darin, dass alle parlamentarischen Parteien hinter diesem Grundsatz stehen – und sonst auch nicht mehr als ›demokratische‹ Partei gelten würden. ›Demokratie‹ wird als Synonym für ›Kapitalismus‹ verwendet.

Aber auch liberale Interpretationen von Politik gehen häufig völlig an der Realität vorbei. Die gängige Vorstellung ist, dass Politiker*innen freie Individuen seien, die Entscheidungen nach ihrem Bauchgefühl treffen würden. Wenn einzelne Entscheidungen nicht nachvollziehbar sind, dann werden Schlüsse getroffen, dass die Politiker*innen inkompetent oder unwissend seien oder eben einen Fehler gemacht hätten. Natürlich wissen Politiker*innen nicht alles. Es ist aber wichtig, sie in ihrer Funktion und in ihrem Kontext zu sehen. Sie treffen ihre Entscheidungen nicht allein, sondern haben in der Regel einen ganzen Kreis an Berater*innen, die Möglichkeiten abwägen und auf Folgen hinweisen. Vor ihren Entscheidungen kommen dazu allerlei Lobbyist*innen auf sie zu: NGO's, Aktivist*innen und – mit der Macht des großen Geldes – auch Vertreter*innen von betroffenen oder profitierenden Unternehmen und Wirtschaftsverbänden. Politiker*innen treffen ihre Entscheidungen also bewusst und informiert, unabhängig davon, wie inkompetent ihr Auftreten ist. Wenn Gesetze Schlupflöcher für Steuervermeidung ermöglichen, können wir davon ausgehen, dass das bewusst geschehen ist. Vielleicht wollte eine verhandelnde Politikerin die Autoindustrie bevorzugen, vielleicht hat ein Kosmetikunternehmen einen Politiker finanziell unterstützt oder einzelne Politiker*innen profitieren als Anteilseigner*innen selbst davon. In jedem Fall hat sich wahrscheinlich irgendjemand für das Schlupfloch eingesetzt.

Yannic: Rechte Ideologien sind ein komplexes Phänomen, das aus verschiedenen Perspektiven betrachtet werden kann, ohne dabei vollständig erfasst zu werden. Erstens sind rechte Ideologien *dichtende Ideologien*, was du ja schon angesprochen hast. In den Nachrichten wird uns ein Flickenteppich von Fakten, Meinungen und Kommentaren präsentiert – was nicht zuletzt an der liberalen Herangehensweise an Nachrichten liegt, die Ereignisse isoliert. So ist es dann beispielsweise nicht der US-amerikanische Imperialismus, der jahrzehntelang weltweit gemordet und gefoltert hat, sondern einzelne Vergehen einzelner Soldat*innen. Rechte Ideologien nehmen das Sammelsurium an unterschiedlichen Ereignissen und bringen sie in einem einheitlichen Weltbild zusammen, wie es Ideologien und Weltsichten eben machen. Da aber aus den unterschiedlichen Ereignissen bloß ein Flickenteppich mit Lücken entsteht, müssen rechte Ideologien diese Lücken füllen und Verbindungen herstellen. Weil ihnen oft die Werkzeuge dafür fehlen, bedienen sie sich der Dichtung: Verschwörungen, unbelegte, geheime Absprachen und Ähnliches.

Zweitens haben rechte Ideologien die Tendenz zu einem übersteigerten Liberalismus. Ähnlich wie der Liberalismus stellen sie das Individuum als bewusst handelndes Wesen in den Mittelpunkt ihrer Ideologie. Aber hier werden sie dann als absolut ›böse‹ oder absolut ›dumm‹ gebrandmarkt und in Zentrum des eigenen Politikverständnis‘ gestellt. Das zeigt sich beispielsweise darin, dass rechte Ideologien Annalena Baerbock als unfähige Politikerin oder Angela Merkel als Verkörperung des Bösen darstellen.

Drittens integrieren rechte Ideologien auch eine unvollständige Kapitalismuskritik, was mit den zuvor genannten Punkten zusammenhängt: So wird beispielsweise Bill Gates als böser, gieriger Mensch dargestellt, der vermutlich in diverse Verschwörungszirkel eingebunden ist und deshalb so handelt, wie er handelt.

In erster Linie ist die rechte Ideologie eine faule, menschenfeindliche Weltsicht. Sie richtet sich gegen Menschen aufgrund von Umständen, die diese Menschen in den seltensten Fällen selbst gewählt haben und möchte ihre eigenen Interessen auf deren Kosten durchsetzen. Das bedeutet nicht, dass es nicht auch einen gefährlichen rechten Intellektualismus gibt. In rechten Ideologien wird die Oberfläche unserer Gesellschaft als ihr Kern betrachtet, zum Beispiel indem behauptet wird: »Viele Geflüchtete kommen nach Deutschland, manche finden sogar Arbeit, also sind die Geflüchteten schuld, wenn ich meine Arbeit verliere.« Das lässt sich auch im Kontext der Profitabilität verstehen: Rechte Ideologien finden Anklang, verkaufen sich und werden so weiter verbreitet. Das ist natürlich ein Problem von Henne und Ei: Wären sie nicht verbreitet, dann würde sie sich nicht so gut verkaufen.

Viele Marxist*innen argumentieren, dass die herrschende Klasse diese Ideologien bewusst einsetze, um die Bevölkerung zu spalten. Ich persönlich teile diese Ansicht nicht. Es mag Einzelfälle geben, in denen das zutrifft, aber ich glaube nicht, dass die einzelnen Redakteur*innen deutscher Medienhäuser morgens aufstehen und bewusst die Bevölkerung spalten, um die Herrschaft der kapitalistischen Klasse aufrechtzuerhalten. Marx bietet eine interessante Perspektive, indem er das Handeln gerade unabhängig von der bewussten Reflexion von Menschen betrachtet. Er richtet den Blick auf die Strukturen unserer Gesellschaft und die Position der Menschen darin. Menschen nehmen bestimmte Ideologien und Denkweisen auf, weil sie mit ihrer Lebensrealität übereinstimmen und ihnen Vorteile bieten.

Der Liberalismus stellt den einzelnen Menschen in den Mittelpunkt seiner Analyse und betrachtet ihn als bewusst handelndes Wesen. Wie du schon sagtest: Wenn Robert Habeck etwas menschenrechtfeindliches tun würde, liegt das aus der Sicht einer liberalen Ideologie an einem individuellen Fehler und nicht an Zwängen, in denen er sich befindet. Denn liberale Ideologien neigen dazu, die Zukunft und das Handeln als offen zu betrachten: Wenn an den Grenzen Europas Menschen ermordet werden, liegt das entweder daran, dass noch nicht genug Aufklärungsarbeit bei den Entscheidungsträger*innen geleistet wurde oder dass die Bevölkerung noch nicht richtig gewählt hat. In jedem Fall steht das politische Handeln im Mittelpunkt der Entwicklung der politischen Gesellschaft aus Sicht des Liberalismus. Natürlich gibt es innerhalb des Liberalismus ein Spektrum von absoluter Gutgläubigkeit bis hin zu kritischer Analyse. Doch selbst bei der Konfrontation mit der Realität – sei es durch Menschenrechtsverletzungen in Deutschland, international, durch die Zusammenarbeit mit fragwürdigen Regierungen oder durch das Fehlverhalten von Politiker*innen – kommt es selten zu einer Anpassung des eigenen Weltbilds. Es werden einzelne Personen abgewählt, bestimmte Entscheidungen für einige Wochen medial kritisiert, aber eine umfassende Betrachtung aller Ereignisse und Entwicklungen bleibt aus. Es fehlt die Longue durée, also der Blick auf die langwierigen geschichtlichen Entwicklungsprozesse.

Der Liberalismus verklärt darüber hinaus die Realität. Unter dem Label von ›Freiheit‹ und ›Menschenrechten‹ werden große Verbrechen begangen, aber nie als integraler Bestandteil einer liberalen Ideologie anerkannt. Maurice Merleau-Ponty spricht vom aggressiven Liberalismus: »Man erkennt ihn daran, daß er den seligen Himmel der Prinzipien liebt, daß er niemals die geographischen und geschichtlichen Chancen erwähnt, die seine Existenz ermöglichten, und die politischen Systeme abstrakt beurteilt, ohne die gegebenen Bedingungen zu berücksichtigen, unter denen sie sich entwickeln«[8]. Ein zentrales Problem besteht darin, dass dieser Liberalismus die koloniale und imperialistische Vergangenheit liberaler, ›westlicher‹ Staaten nicht aktiv in sein Verständnis des Reichtums und der Machtposition dieser Staaten einbezieht. Er bezieht die Gegenwart nicht angemessen auf die Vergangenheit, sondern geht stattdessen von einer ›geistigen Überlegenheit‹ aus und vernachlässigt die materiellen Bedingungen von ›Freiheit‹. Doch politisch-liberales Denken setzt einen gewissen Stand gesellschaftlichen Reichtums und gesellschaftlicher Sicherheit voraus. Der Liberalismus neigt dazu, die Verbindung zwischen den liberalen und progressiven Elementen ›westlicher‹ Gesellschaften und deren Reichtum zu ignorieren, Doch wie sagte schon Bertolt Brecht: »Erst kommt das Fressen, dann kommt die Moral«. Das Außer-Acht-Lassen der materiellen Voraussetzungen von ›Freiheit‹ lässt eine Frage unbeantwortet: Was ist das Recht auf Eigentum und Besitz, was sind alle Freiheiten dieser Welt wert, für Menschen, denen die materiellen Mittel fehlen, um an unserer Gesellschaft teilzuhaben?

Lea: Demgegenüber betrachtet eine marxistische Analyse Tagespolitik gerade nicht als losgelöste Elemente, sondern in ihrem Kontext, ihrer Geschichte und Entwicklung. Dazu gehört die Betrachtung von Strukturen und Zwängen, in denen sich auch einzelne Politiker*innen oder ganze Staaten befinden. Es wäre einfach, Donald Trump als durchgedrehten Politiker abzutun. Wir können aber nicht leugnen, dass es eine etablierte Partei der USA war, in der Trump zum Präsidentenkandidaten wurde. Und dass sich Trump schließlich durchsetzte. Es gab also Gegebenheiten, die sich durch die Parteistruktur der Republikaner und die Bevölkerung der USA zogen, die diesen Menschen erfolgreich machten. Das mag an der schlechten Konkurrenz liegen – aber dann müssen wir uns fragen: Wieso war auch die Konkurrenz so schlecht? Wir kommen nicht umhin, uns auch den Kontext der USA anzusehen: ein Staat, der seit den 1970er-Jahren um ökonomische Stabilität ringt und langsam von China als ökonomische Weltmacht überholt wird. Die USA sind überhaupt nur noch eine Supermacht aufgrund ihrer militärischen Macht, ihrer etablierten Stellung in internationalen Institutionen und – vor allem – ihrer Möglichkeit, über das Weltgeld US-Dollar zu verfügen. Die eigentliche wirtschaftliche Stärke haben die USA jedoch längst verloren. Trump war ein Versuch, darauf zu reagieren: mehr Macht für Konzerne, ein protziges Auftreten nach außen, Drohungen und Abschottung zum Schutz der eigenen Wirtschaft. Wir sehen auch, dass Biden nur wenige der außenwirtschaftspolitischen Maßnahmen von Trump rückgängig macht. Auch er ringt um den Machterhalt der USA und neben einer Stärkung des Landes auch um eine Neuaufstellung der nationalen Wirtschaft.

Eine marxistische Herangehensweise betrachtet solche Zusammenhänge genau: Staaten handeln als Teil eines globalen kapitalistischen Systems, in dem sie mit anderen Staaten konkurrieren. Jeder Staat strebt danach, die eigene Stellung mindestens zu halten, aber vor allem zu verbessern – und die eigenen Konzerne zu unterstützen. Das kann bedeuten, dass Regierungen Freihandelsabkommen abschließen und dabei verpflichtende Menschenrechtsklauseln ›vergessen‹, obwohl sie sich sonst gerne auf die Menschenrechte berufen. Das kann bedeuten, dass Regierungen Geschäfte mit menschenfeindlichen Regierungen abschließen, obwohl sie sonst kräftig beteuern, dass mit autokratischen Regimes nicht verhandelt werden könne. Das liegt nicht daran, dass die Regierungen einfach nicht sehen würden, dass der eine Staat genauso menschenfeindlich wie der andere ist. Sie treffen strategische Entscheidungen im Interesse der eigenen Wirtschaft und Konzerne. Als Marxist*innen betrachten wir genau diese materiellen Interessen, also die materielle Grundlage: Jeder Staat will zunächst einmal überleben, jeder Staat will – und muss – Wohlstand anhäufen. Da es sich in unserem System um kapitalistisch geprägte Staaten handelt, geht das mit der Stärkung der eigenen Konzerne einher.

Yannic: Ob der Marxismus eine ›wissenschaftliche Weltsicht‹ ist, wird innerhalb des Marxismus ausgiebig diskutiert und außerhalb des Marxismus höchstens belächelt. Während soziologische Ansätze wie die von Ralf Dahrendorf oder Hartmut Rosa als ernstzunehmende sozial*wissenschaftliche* Theorien betrachtet werden und bürgerlich-ökonomische Ansätze, mit ihrer offensichtlichen Menschenverachtung und Realitätsferne als Wissenschaft gelten, sollte es uns eigentlich nicht schwerfallen, den wissenschaftlichen Ansatz in den Untersuchungen von Marx und anderen nach ihm zu finden.

Doch wir können uns auf eine kleinere Frage konzentrieren: Was macht die Kritik der politischen Ökonomie und den historischen Materialismus von Marx zu einer nützlichen Herangehensweise für die politische und gesellschaftliche Realität? Warum sollten wir die Welt durch die Brille von Marx betrachten?

Du hast es schon angesprochen: Der Marxismus beansprucht, sich mit den Fakten auseinanderzusetzen und die materiellen Grundlagen zu betrachten, wenn es um den Umgang mit Gesellschaft und Politik geht. Das bedeutet nicht, dass alle Menschen, die sich Marxist*innen nennen, diesem Anspruch immer gerecht werden. Anstatt die aktuelle soziale Misere auf geflüchtete oder migrantisierte Menschen abschieben, stellen marxistische Ansätze andere Fragen: Wie steht es um die Basis unserer Gesellschaft – also der Produktion und Reproduktion des Lebens –, wenn soziale Sicherungssysteme abgebaut werden? Welche kapitalistischen Dynamiken stehen dahinter? Welchen Nutzen hat es für die kapitalistische Klasse in einer rassistischen Gesellschaft teilweise (!) migrantisierte Menschen anzustellen, während andere ihren Job verlieren? Warum kann ihnen weniger Geld gezahlt werden? Wie hängt das mit den Verhältnissen zusammen, die wir in unserer Gesellschaft zueinander eingehen?

Diese Fragen sind wichtig, machen marxistische Ansätze jedoch noch nicht einzigartig. Auch viele liberal denkende Menschen stellen diese Fragen und wollen sich an Fakten orientieren. Marxist*innen heben sich höchstens dadurch hervor, dass sie diese Fragen häufiger und lauter stellen.

Eine erste Besonderheit des Verstehens mit Marx ist aus meiner Sicht die *konkrete Methode, mit der die Gegenwart analysiert wird, und die Reflexion der Welt*. Wir haben es schon angesprochen: Natürlich wird Geschichte von Menschen gemacht und die Geschichtsbücher wurden von handelnden Menschen gefüllt. Aus einer marxistischen Perspektive sind zwei Dinge zentral, um Geschichte zu machen: Zum einen müssen Menschen die Dinge produzieren, die sie zum Leben brauchen – Essen, Kleidung, das Dach über ihren Köpfen. Dabei nehmen einzelne Menschen bestimmte Positionen im Produktionssystem ein, haben ein bestimmtes Verhältnis zu anderen Menschen und sind näher am oder weiter entfernt vom Reichtum der Gesellschaft. Das beeinflusst ihr Denken, ihre Bedürfnisse und ihre Gefühle.

Zum anderen machen wir Geschichte nicht frei und im Vakuum: Die Vergangenheit, die unsere aktuelle Gesellschaft hervorgebracht hat, bildet das Feld, auf dem wir handeln: »Die Tradition aller toten Geschlechter lastet wie ein Alp auf dem Gehirne der Lebenden«[9]. Stellen wir uns vor, wir platzen in ein Schachspiel hinein, das bereits eine Weile läuft. Züge wurden gemacht, manche Figuren wurden bereits geschlagen, alle Figuren haben einen bestimmten Platz. Es ist klar, dass es nur einen begrenzten Pool an Möglichkeiten gibt, wie das Spiel weitergehen kann. Wir können immer noch entscheiden, welche Figuren wir wie bewegen möchten, aber wir können die Bauern nicht zurückziehen und es ist schwierig, Figuren zurück auf das Brett zu bringen. Es gibt also auch Unmöglichkeiten. Ähnlich wie die vergangenen Schachzüge ist die *Vergangenheit*, die uns vorgesetzt wird, eine objektive Bedingung unseres Handelns. Doch auch in der *Gegenwart* gibt es objektive Bedingungen, wie die kapitalistische Produktionsweise, die durch Konjunkturzyklen und langfristige Entwicklungstendenzen, durch das Rennen um die Vergrößerung von Kapital und die Ausbeutung von Mehrwert aus der Arbeitskraft als Bedingung der Produktion gekennzeichnet ist. Dazu gesellt sich eine Masse an materiell gewordener Vergangenheit: errichtete Maschinen und Fabriken, die den Lauf der Produktion für die kommende Zeit prägen. All diese objektiven Bedingungen liegen unserem Handeln zugrunde. Wenn wir Geschichte und Gesellschaft verstehen möchten, können wir nicht bei den Handlungen der Menschen anfangen. Es wäre, als würden wir eine rollende Billardkugel sehen, den Anstoß ignorieren und uns den Kopf darüber zerbrechen, wie sich diese Kugel von selbst dreht.

Die zweite – und wahrscheinlich größere – Besonderheit einer marxistischen Herangehensweise ist, dass d*ie Analyse von Vergangenheit und Gegenwart mit einem zukunftsgewandten Blick verbunden wird.* Gehen wir zurück an unser Schachbrett: Kaum jemand würde leugnen, dass es auf dem bespielten Schachbrett ein eingeschränktes Set an Möglichkeiten gibt. Der Läufer kann von seiner Position nur diagonal verschoben werden, die Bauern jeweils nur ein Feld nach vorne. Andere Züge sind unmöglich, zum Beispiel, dass ein Bauer rückwärts geht.

Für gute Schachspieler*innen gibt es nicht nur Mögliches und Unmögliches, sondern auch Tendenzen. Spieler*innen geben auf, obwohl ihr König noch nicht geschlagen ist, weil sie bereits erkennen können, dass sie unausweichlich verlieren werden. Ähnlich verhält es sich mit einer marxistischen Analyse: Indem die Gesellschaft im Hier und Jetzt analysiert wird, werden Möglichkeiten, Unmöglichkeiten und Tendenzen aufgedeckt.

Dabei kommen verschiedene Elemente in den Blick. Zum Beispiel werden die Gesetze aufgedeckt, die eine Gesellschaft hervorbringt, die nach einer kapitalistischen Logik funktioniert: Die Suche der Mitglieder der kapitalistischen Klasse nach größtmöglichem Gewinn, um in der Konkurrenz mit anderen bestehen zu können; die Krisentendenzen, die durch unregelmäßige Investitionen und Kapitalentwertungen entstehen; oder auch der Konflikt zwischen der kapitalistischen Klasse und der Klasse von Menschen, deren Arbeitskraft sie ausbeuten. In diesen Gesellschaften entstehen Konflikte, weil sich die Interessen der kapitalistischen Klasse und der ausgebeuteten Klasse grundlegend in einem Widerspruch befinden, der nicht gelöst werden kann, ohne dass die Klassen an sich verschwinden – die kapitalistische Klasse kann ohne die Ausbeutung von Arbeitenden nicht existieren.

Lea: Was du beschreibst, das sind die zentralen Pfeiler des historischen Materialismus, der marxistischen Philosophie. Im Grunde ist das die Herangehensweise – oder wie du es beschreibst: die Methode – mit der marxistische Wissenschaft betrieben wird.

Der eine Pfeiler ist der *Materialismus*. Wir Menschen haben eine Materialität, einen Körper, der an bestimmte Bedürfnisse gekoppelt ist. Du meintest es bereits: Wir müssen überleben. Jede Produktionsweise muss daher eine Antwort darauf finden, wie Menschen – wenn auch nicht notwendigerweise alle – grundsätzlich überleben können. Eine Produktionsweise ist immer auch die Art, wie diesen grundlegenden Bedürfnissen begegnet wird. Diese Produktionsweise beeinflusst maßgeblich unsere Lebensumstände. Sie bestimmt, wer arbeiten muss, wie viel produziert wird, wer die produzierten Güter erhält und wie die Verteilung organisiert wird. Für jeden einzelnen Menschen ergibt sich daraus eine Stellung in der Produktion. Sie bestimmt nicht alles, was diese Person denkt, fühlt und macht. Aber die Lebensumstände prägen unsere Bedürfnisse und Interessen: Sie bestimmen zwar nicht alles, was ich denke, aber sie geben einen Rahmen vor, mit welchen Themen ich mich beschäftigen muss, um zu überleben, und mit welchen Themen ich mich beschäftigen *kann*, weil ich die zeitlichen Kapazitäten oder die finanziellen Möglichkeiten dazu habe. Eine erfolgreiche Unternehmerin denkt beispielsweise eher darüber nach, wie sie ihren Profit investiert, während eine Person in Armut und ohne Wasseranschluss weit von solchen Überlegungen entfernt ist. Sie wird sich eher denken, wie lange der Wasservorrat noch reicht. Umgekehrt mache ich mir mit Wasser aus dem Hahn solche Gedanken nicht. Diese materialistische Weltsicht ist das, was den Marxismus für mich stark und unverzichtbar macht. Die materiellen Verhältnisse – das sind an allererster Stelle die ökonomischen Verhältnisse – sind die Grundlage dafür, wie eine Gesellschaft ist und sich entwickelt. Ich merke mir das immer mit diesem eingängigen Satz, den ich schon in der Schule in Geschichte zu Marx gelernt habe ›Das gesellschaftliche Sein bestimmt das Bewusstsein‹[10] – auch wenn ich es damals wahrscheinlich nicht verstanden habe. Der Satz beschreibt, dass wir Menschen in unserem Handeln – vor allem im wirtschaftlichen Zusammenleben – ganz wesentlich durch ökonomische Interessen und unsere Klassenzugehörigkeit bestimmt werden. Das ist ein zentraler Faktor für die Entwicklung unserer Gesellschaft. Diese Weltsicht grenzt sich ab von einem idealistischen Bild, nach dem Ideen und Gedanken unsere Gesellschaft formen. Das wäre im Umkehrschluss dann die Auffassung ›Das Bewusstsein bestimmt das Sein‹. Bestes Beispiel dafür sind Mindset-Coaches, die einem immer wieder auf Instagram und Tiktok begegnen. Das heißt nicht, dass für Marxist*innen Ideen keine Rolle spielen. Wir würden nicht linke Theorie vermitteln, wenn wir glauben würden, dass Theorien nichts verändern könnten. Aber bestimmend bleiben die materiellen Verhältnisse. Einen Haufen von Kapitalist*innen werde ich mit den besten Argumenten und Theorien nicht von einer Revolution überzeugen können, die sie entschädigungslos enteignet und zu Arbeiter*innen macht. So kommen Marx und Engels zum Beispiel auch auf den Schluss, dass die Kapitalist*innen diese Welt nicht befreien können, sondern nur die Arbeiter*innen sich selbst befreien können. Denn nur die Arbeitenden haben ein wirkliches Interesse an einem Ende der Ausbeutung.

Der zweite Pfeiler – das ›Historische‹ am historischen Materialismus – bezeichnet die *Geschichtlichkeit.* Wie auf deinem beschriebenen Schachspiel ist unsere Gesellschaft kein leeres Blatt, auf dem wir beliebig etwas Neues aufbauen können. Alles, was existiert, ist das Ergebnis von Entwicklungen in der Vergangenheit: Kultur, Sprache, die gesellschaftliche Organisation und eben auch die Produktionsweise. Etwas Neues kann sich nur aus dem entwickeln, was bereits vorhanden ist. Du schreibst, das gibt zum Beispiel *Unmöglichkeiten* vor. Wenn wir beispielsweise durch unser Handeln die Klimakrise auslösen, können wir nicht mehr einfach eine Gesellschaft ohne Klimakrise aufbauen. Wir können zwar eine Gesellschaft aufbauen, die besser mit der Klimakrise umgeht und langfristig das Klima stabilisiert. Das setzt aber dann wiederum Veränderungsprozesse in Gang, die ihrerseits nicht mehr rückgängig gemacht werden können. Das klingt erstmal deprimierend. Gleichzeitig zeigt uns diese Perspektive auch *Möglichkeiten* auf: Was entstanden ist, ist kein Naturgesetz, sondern veränderbar – und mehr noch: es kann gar nicht anders, als sich zu verändern. Und das macht die zukunftsgerichtete Seite dieser Philosophie aus. Die kapitalistische Produktionsweise ist geschichtlich und damit überwindbar.

Dadurch, dass marxistische Ansätze nicht nur versuchen, die Vergangenheit und die Gegenwart zu verstehen, sondern auch sehen, wo es Möglichkeiten zur Veränderung gibt, wurde ›der Marxismus‹ oft als deterministisch und unwissenschaftlich kritisiert. Denn schließlich seien ›Zukunftsprognosen von Marx‹ nie eingetroffen. Ansätze zu kritisieren, die die Zukunft voraussehen wollen, ist sicher angebracht, können wir marxistischen Ansätzen vorwerfen, dass sie das tun? Anders gefragt: Gibt uns ›der Marxismus‹ die Möglichkeit, in die Zukunft zu sehen?

Yannic: Marxistische Methoden sind keine Zauberei und halten sich auch nicht dafür. Durch die Analyse der Gegenwart, der ökonomischen Zusammenhänge und der Klassenverhältnisse können wir keine genauen Vorhersagen über die Zukunft treffen. Je weiter wir uns von der ökonomischen Basis entfernen, desto schwieriger wird es sogar.

Schauen wir uns die ökonomische Basis genauer an. Marx geht davon aus, dass die kapitalistische Klasse nach und nach die Arbeitskraft, die für den Profit verantwortlich ist, aus der Produktion rationalisiert. Die Arbeitskraft schafft Mehrwert, weil sie mehr produzieren kann, als die Arbeitenden selbst zum Überleben benötigen. Wenn jedoch Maschinen die Arbeitenden ersetzen, wird weniger Mehrwert und so auch weniger Profit generiert. Das Kapital, das den Profit, wie der Mensch die Luft zum Atmen, braucht, kann dann im Verhältnis zur eingesetzten Summe immer weniger Profit einnehmen. Ein weiterer Aspekt der ökonomischen Basis ist die Ausbeutung der Umwelt in der kapitalistischen Produktionsweise. Günstige Rohstoffe werden genutzt, um die Profitproduktion anzukurbeln. Unsere Handlungen in diesen Bereichen beeinflussen die Entwicklung der Produktion und Reproduktion unseres Lebens. Wenn Politiker*innen Gesetze und Regelungen erlassen, um den Ersatz von Arbeitskräften durch Maschinen einzuschränken, setzen sie gewissermaßen Grenzen für die Gesetze[11] der kapitalistischen Produktionsweise. Das schaltet diese Gesetze nicht aus, sondern schränkt sich bloß zeitweise ein. Trotzdem schränkt es die Art und Weise ein, wie wir über die Zukunft sprechen können.

Ein wichtiger Grundsatz von Marx sagt, dass der Kapitalismus nicht ›das absolute Übel‹ ist, sondern dass mit ihm Fortschritte einhergehen können, die die Grundlage für eine bessere Welt schaffen können. Das bildet die normative Grundlage seines Werkes: Der Mensch soll aus dem »Reich der Notwendigkeit« ins

»Reich der Freiheit« übergehen.[12] In der Zukunft soll es möglich sein, dass wir uns von der täglichen Arbeit befreien und mehr freie Zeit und Reichtum genießen können. Wir sehen schon heute Spuren dieses »Reichs der Freiheit«, wenn Arbeiten schneller erledigt und mehr Bedürfnisse von Menschen erfüllt werden können. Das zeugt von Möglichkeiten, die uns Menschen mehr Zeit und Freiraum bieten. Diese Entwicklung baut auf unserem gesellschaftlichen Wissen, der gesellschaftlichen Intelligenz und unserer gesellschaftlichen Technologie auf.

Allerdings ist es mit der kapitalistischen Produktionsweise ähnlich wie mit einer Benzinfüllung im Auto: Sie bringt uns eine Weile voran, verliert aber irgendwann ihren ursprünglichen Schwung. Im Gegensatz zum Tank, führt der Kapitalismus aber in diesem Stadium zu immer mehr zerstörerischen Tendenzen in unserer Gesellschaft. Die kapitalistische Produktionsweise eröffnet verschiedene mögliche Zukunftsszenarien: 1. einen Übergang zu einer höheren Produktionsweise, die die vernichtenden Tendenzen an ihrer Wurzel packt: der absoluten Priorität des Profits; 2. eine unkontrollierte Fortsetzung der kapitalistischen Produktionsweise; 3. endlose, aber erfolglose Versuche, die kapitalistische Produktionsweise einzuschränken und immer neue Risse zu reparieren, ohne die Wirtschaftslogik selbst anzugehen. An diesem Punkt liegt es in der Verantwortung der handelnden Menschen in einer Gesellschaft, die Zukunft zu gestalten. Die »Theorie [...] zur materiellen Gewalt«[13] werden zu lassen, ist dabei entscheidend. Die Theorie des Sozialismus muss zum Ziel des Handelns einer großen Anzahl von Menschen werden, um Wirklichkeit zu werden. Dafür braucht es politisches Handeln.

Doch es ist nicht nur wichtig zu verstehen, wie unsere Gegenwart funktioniert und welche Zukunftsszenarien möglich sind, sondern auch, wie eine sozialistische Zukunft erreicht werden kann. Das gelingt wiederum nur, wenn wir die Gegenwart verstehen. Dadurch wird deutlich, auf welcher Grundlage der Klassenkampf stattfindet und welches Terrain unser politisches Handeln betrifft.[14] Es ist wie eine Leitplanke, ein Erfahrungsschatz, der uns zeigt, in welche Richtung unser politisches Handeln gehen muss und welche Maßnahmen erforderlich sind, um politische Ziele zu erreichen. Wenn wir beispielsweise ein Wirtschaftssystem schaffen möchten, das unsere Umwelt nicht zerstört, ist ein System, in dem der Profit das höchste Gut ist, wahrscheinlich nicht die beste Wahl. Marxistische Theorien sind daher auch Instrumente für politisches Handeln.

Lea: Es ist also eher so, dass die Analyse der Geschichte und des gegenwärtigen Zustands uns ermöglicht, verschiedene Richtungen zu identifizieren, in die sich die Gesellschaft entwickeln könnte. Das ist deswegen interessant, weil daraus gerade keine konkreten Vorhersagen über die Zukunft unserer Gesellschaft abgeleitet werden können. Trotzdem eröffnet diese Herangehensweise die Möglichkeit für ein bewusstes Handeln im Hier und Jetzt. Wenn wir nicht in einer Welt leben wollen, in der eine ökologische Krise nach der anderen entsteht – Biodiversitätsverlust, Ozeanvermüllung und -vergiftung, Klimakrise und weitere – dann müssen wir auf eine Gesellschaft hinarbeiten, die die Ursachen für ökologische Zerstörung überwunden hat. Das bedeutet zum Beispiel, dass Ökologie weder Eigentum noch Quelle von Bereicherung sein darf. Wenn wir eine Welt ohne Ausbeutung wollen, müssen wir auf ein System hinarbeiten, das nicht auf Ausbeutung beruht. In diesem Sinne sind marxistische Methoden ein Werkzeug, um die Probleme unserer Zeit nicht nur zu verstehen, sondern Lösungen auf der Grundlage dieses Verständnisses zu suchen. Das verdeutlicht die enge Verbindung zwischen marxistischer Wissenschaft und politischem Kampf: Die Arbeit an einem wissenschaftlichen Sozialismus bedeutet nicht einfach, Wünsche in die Luft zu schreiben. Es bedeutet, auf einen machbaren Sozialismus hinzuarbeiten, der auf unserer gegenwärtigen Gesellschaft aufbaut und in seiner Umsetzung und Weiterentwicklung reflektiert ist. Wissenschaftlich bedeutet also in erster Linie ›nicht utopisch, sondern an der Realität orientiert‹. Bei einem Entwurf eines wissenschaftlichen Sozialismus wird von der jetzigen Gesellschaft ausgegangen und mit einbezogen, wie wir von hier zu einem Sozialismus kommen. Wenn wir diesen Sozialismus verwirklicht haben sollten, bedeutet wissenschaftlich, dass erstens nach aktuellen Erkenntnissen der Wissenschaft gehandelt wird – gerade bei der Klimakrise sehen wir, wie wichtig das wäre – und zweitens, dass wissenschaftliche Methoden entwickelt und genutzt werden, einerseits zur Analyse von Gesellschaft, von gesellschaftlichen Problemen und Krisen und andererseits zur Optimierung der gesellschaftlichen Organisation. Es bedeutet nicht, dass alles nach rein wissenschaftlichen Zahlen organisiert wird, sondern es bedeutet, dass die Wissenschaft einen Platz in der Politik hat, dass also die wissenschaftliche Grundlage bei Entscheidungen mit einbezogen wird. Also auch hier: An der Verbesserung der jetzt bestehenden Realität orientiert, statt rein utopisch.

Mir gefällt die Bezeichnung der ›Philosophie der Praxis‹ des italienischen Kommunisten Antonio Gramsci. Im Gefängnis konnte er den Begriff ›Marxismus‹ nicht verwenden, deshalb nutzte er diesen Ausdruck als Umschreibung.[15] Damit betont er den Anspruch, dass Theorie eine praktische Tätigkeit sein sollte, dass sie sich auf die Praxis bezieht. Gramsci beschäftigt sich zum Beispiel damit, wie historische Bewegungen entstehen und wie sie sich durchsetzen, also *hegemonial* werden.

Mir gefällt dieser Ausdruck, weil er mit meiner persönlichen Haltung zur Wissenschaft übereinstimmt: Für mich ist Wissenschaft gerade dann sinnvoll, wenn sie dazu beiträgt, das Leben auf der Erde zu verbessern – sei es durch die Erforschung von Wirkstoffen gegen Krankheiten, die Entwicklung von Therapien, die Suche nach besseren Lösungen für Konflikte oder eben die Organisation einer gerechteren Gesellschaft.

Yannic: Der französische Philosoph Maurice Merleau-Ponty hat gesagt: »Nicht durch Wissenschaft wird man Revolutionär, sondern durch Empörung. Danach erst füllt die Wissenschaft diesen leeren Protest und präzisiert ihn«.[16] So sind wir – du und ich – und die meisten anderen in die politische Arbeit gekommen: aus Empörung über Katastrophen, Ausbeutung, Diskriminierung, unwürdiges Leben und Ungerechtigkeiten. Unser politischer Kampf richtet sich dann gegen das, was uns empört. Wir demonstrieren gegen rassistische Angriffe oder machen durch politische Protestaktionen auf die Zerstörung unseres Planeten aufmerksam.

Die marxistische Analyse füllt unseren Protest mit dem Wissen, warum bestimmte Dinge passiert oder geworden sind. Sie gibt unserem politischen Kampf eine Richtung. Vor allem zeigt sie uns, in welche Richtungen unser politischer Kampf erfolgreich sein kann und wann unsere Diskussionen im Plenum umsonst sind. Der italienische Kommunist Domenico Losurdo hat im Anschluss an den ungarischen Marxisten György Lukács vom »Idealismus der Praxis«[17] gesprochen: Damit wird das Denken beschrieben, dass alle Bereiche unseres gesellschaftlichen Lebens bedingungslos durch politische Aktionen veränderbar scheinen. In dieser Vorstellung reicht es aus, genug Demonstrationen, politische Aktionen oder ›gutes politisches Handeln‹ umzusetzen, um den Staat endgültig zu demokratisieren, Rassismus und Sexismus abzuschaffen und die Klimakatastrophe zu stoppen. Aber solange unsere Politik und Gesellschaft eine materielle Basis in der Produktion haben, können manche politischen und gesellschaftlichen Kämpfe noch so stark sein – ohne eine Veränderung der materiellen Basis für Ausbeutung und Diskriminierung ist eine nachhaltige Überwindung dieser Probleme nicht möglich. Solange rassistische und sexistische Diskriminierungen eine Möglichkeit bieten, den Wert der Ware Arbeitskraft zu drücken und den Profit zu erhöhen, können wir trotz aller antirassistischen und feministischen Aufklärungsarbeit diese Probleme nicht überwinden. Der Blick auf die Basis unserer Gesellschaft, unsere Produktionsweise, zeigt uns, was wir mit unseren politischen Handlungen angreifen müssen. Unsere politischen Kämpfe können nur dann wirklich erfolgreich werden, wenn sie mit der Überwindung des Kapitalismus zusammenfallen.

Auch die Frage, wie das möglich ist, beantwortet uns die marxistische Theorie: Wenn Menschen aus ihrer Position in dieser Gesellschaft ihr Bewusstsein und ihre Interessen ausbilden, dann wird diejenige Gruppe von Menschen zum Akteur des Wandels, deren *subjektives Interesse* mit den *objektiven Entwicklungsgesetzen der Gesellschaft* zusammenfällt;[18] wenn also eine Gruppe von Menschen aus ihrer Position in der Gesellschaft das Interesse entwickelt, den Kapitalismus zu überwinden. Damit sind wir mitten im Kern marxistischer Theorie: dem Umgang mit der Praxis und Revolutionen.

Lea: Die marxistische Wissenschaft ergreift als Theorie der Gesellschaftsveränderung und der Zukunft natürlich

Partei für den gesellschaftlichen Fortschritt und die Befreiung der Menschen von Zwang und Ausbeutung. Hier muss man trennen: Die Methode, also die Art und Weise, wie die Gesellschaft analysiert wird, ist wissenschaftlich. Trotzdem hat marxistische Wissenschaft ein übergeordnetes Ziel, nämlich eine bessere Gesellschaft und die Überwindung des Kapitalismus. Es geht darum zu beurteilen, ob eine bestimmte Praxis tatsächlich zur Überwindung des Kapitalismus beiträgt und das Leben aller Menschen verbessern kann oder ob die Verbesserung der Lebensumstände von Einzelnen auf die Kosten von anderen Menschen(-gruppen) geht.

Gleichzeitig erfordert eine wissenschaftliche Betrachtung auch Realitätsnähe. Für mich folgt daraus, dass wir uns nicht nur für die ›perfekte Revolution‹ einsetzen, sondern für jede Praxis, die das Leben von Menschen verbessert. Denn wenn wir auf die perfekte Revolution warten, werden wir lange warten müssen. Praxis ist immer unvollkommen. Außerdem sollten wir, wenn wir den Anspruch marxistischer Theorie ernst nehmen, die Geschichte als Geschichte der Klassenkämpfe sehen. Dadurch können wir einzelnen Praktiken, Bewegungen und sogar realsozialistische Versuche im Kontext dieser Geschichte einordnen. Anstatt sie nur zu kritisieren, weil sie Fehler hatten, sollten wir aus diesen Fehlern lernen, um es in Zukunft besser zu machen.

Für mich bedeutet das, dass die marxistische Theorie sich nicht nur in der Kritik verwirklichen darf. Kritik ist wichtig, aber sie allein erschafft nichts. Menschen, die sich marxistisch nennen, sollten immer auch den Anspruch verfolgen, die Realität zu verbessern: im Zweifel für den gesellschaftlichen Fortschritt. Menschen, die sich nur an linker Praxis oder am Realsozialismus abarbeiten, sollten sich fragen, was ihre Agenda ist. Das mögen die besten Theoretiker*innen sein. Aber wenn wir nur Kritik üben, dann wirken wir auf keine positive Vision mehr hin und vor allem nehmen wir Menschen jede Hoffnung, dass überhaupt etwas besser werden kann, denn jede Praxis scheint nun einmal falsch zu sein. Kritik ist wichtig, aber sie sollte konstruktiv sein. Das gilt nicht nur in zwischenmenschlichen Beziehungen, sondern auch in einer Theorie, die für sich beansprucht, zu einer besseren Gesellschaft beizutragen. Statt: »Was lief falsch an Projekt XY?« ist es also sinnvoller zu fragen:

»Welche Probleme hatte Projekt XY und wie hätten wir anders damit umgehen können?«. Dieser Ansatz leugnet nicht die Schwächen der Praxis, sondern zielt darauf ab, aus diesen Schwächen zu lernen.

Yannic: Für mich fasst sich das Verhältnis von Kritik und Anerkennung politischer Praxis bei Marx am besten im Übergang von der ›schonungslosen Kritik alles Bestehenden‹ zur Pariser Kommune zusammen. In den 1840er Jahren beschreibt Karl Marx in seinen Briefen aus den ›Deutsch-Französischen Jahrbüchern‹ den wissenschaftlichen Sozialismus als einen Ansatz, der »nicht dogmatisch die Welt antizipieren [möchte], sondern erst aus der Kritik der alten Welt die neue«[19] findet. Und weiter: »Ist die Konstruktion der Zukunft und das Fertigwerden für alle Zeiten nicht unsere Sache, so ist desto gewisser, was wir gegenwärtig zu vollbringen haben, ich meine die rücksichtslose Kritik alles Bestehenden, rücksichtslos sowohl in dem Sinne, daß die Kritik sich nicht vor ihren Resultaten fürchtet und ebensowenig vor dem Konflikte mit den vorhandenen Mächten.« In den 1870er Jahren reflektiert Marx in ›Der Bürgerkrieg in Frankreich‹ die Erfahrungen der Pariser Kommune, dem ersten großen Versuch einer postkapitalistischen Gesellschaft. Er schließt die Schrift mit den Worten: »Das Paris der Arbeiter, mit seiner Kommune, wird ewig gefeiert werden als der ruhmvolle Vorbote einer neuen Gesellschaft. Seine Märtyrer sind eingeschreint in dem großen Herzen der Arbeiterklasse.«[20] Das schreibt er nicht, weil er keine Kritik an der Pariser Kommune hatte oder keine Fehler sah. Im Gegenteil, er analysierte genau, woran die Pariser Kommune scheiterte. Aber die bedingungslose Kritik ist nicht gleichzusetzen mit dem Kritisieren in seiner landläufigen Bedeutung. Die ›rücksichtslose Kritik alles Bestehenden‹ ist hier vor allem eine Bestandsaufnahme, eine Prüfung.

Wenn die Zukunft im wissenschaftlichen Sozialismus nicht ›dogmatisch antizipiert‹ werden kann, bedeutet das nicht, dass wir nichts über sie wissen und lernen können. Die politische Praxis läuft parallel zur Theoriebildung und liefert das Anschauungsmaterial für einen möglichen Sozialismus. Wir können aus der politischen Praxis lernen, die auch Teil des Bestehenden ist. Die Gründe für das Scheitern sozialistischer Staaten beispielsweise gehen über den äußeren Druck durch kapitalistisch geprägte Staaten hinaus.

Dabei sind Informationen über sozialistische Staaten natürlich immer mit Propaganda dieser kapitalistisch geprägten Staaten verbunden, aber nicht alles Negative ist reine Propaganda. Vor allem bedeutet das Lernen auch, anzuerkennen, dass die Zukunft keine »geometrische [...] Aufgabe«[21] ist, die wir mit der richtigen Theorie vorhersagen und direkt in Richtung Sozialismus lenken können.

Das System verstehen

Yannic: Wenn ich Menschen sehe, die sich heute als ›links‹ und ›antikapitalistisch‹ bezeichnen, fällt mir oft ein wichtiger Widerspruch auf. Einerseits erkennen immer mehr Menschen die zentrale Rolle der kapitalistischen Produktionsweise beim Aufbau unserer Gesellschaft. Andererseits ist vielen nicht klar, was der Kapitalismus genau ist und welche wirtschaftliche Dynamik ihn auszeichnet. Das ist verständlich. Marxistische ökonomische Literatur ist anspruchsvoll und lässt sich nicht mal eben in der Bahn lesen. Zudem fehlt vielen von uns ein konkretes Verständnis dafür, wie die wirtschaftliche Landschaft unser gesamtes Umfeld strukturiert. Die Tatsache, dass ökonomische Literatur im politischen Kampf selten so unmittelbar hilfreich ist wie andere theoretische und geschichtliche Bücher, macht es nicht einfacher. Wie können wir also mehr Menschen dazu bringen, sich mit einem so schwierigen und oft frustrierenden Thema auseinanderzusetzen?

Lea: Viele Menschen in der linken Bewegung haben ein grundlegendes Verständnis von kapitalistischen Prinzipien wie Ausbeutung oder Mehrwertaneignung. Allerdings fehlt vielen Linken heute ein umfassendes ökonomisches Verständnis. Das Lesen von ›Das Kapital‹ ist keine Voraussetzung, um links zu sein, und war es auch nie. Aber auch unter denjenigen, die sich gesellschaftlich und politisch engagieren und andere überzeugen möchten, gibt es Menschen, die dieses Wissen nicht besitzen. Es ist zwar spannend, sich mit geschichtlichem Wissen über vergangene Kämpfe auseinanderzusetzen und daraus zu lernen. Persönlich finde ich Bücher über gesellschaftliche Bewegungen fast das Interessanteste an linker Bildung. Doch wenn wir mit Menschen ins Gespräch kommen, ist es entscheidend, gute Argumente zu haben. Oft hören wir Aussagen wie ›Der Mensch ist leider schlecht‹; ›Nichts ist so effizient wie der Kapitalismus‹; ›Dank dem Kapitalismus geht es uns ja heute besser als vor 100 Jahren‹. Auf solche Aussagen müssen wir gute Antworten haben. Emotionen können einige Menschen abholen, aber wir können es uns nicht leisten, nur hoffnungslos idealistische Menschen zu überzeugen. Ich finde es gerechtfertigt, dass Emotionen für viele nicht ausreichen, denn damit allein kann keine Gesellschaft aufgebaut werden. Es braucht mehr. Wir müssen Antworten auf gesellschaftliche ›Grundwahrheiten‹ haben, die auch diejenigen erreichen, für die Idealismus nicht genug ist. Wir müssen zeigen können, warum der Kapitalismus nicht auf mehr Wohlstand für alle abzielt, sondern darauf beruht, Menschen in relativer Armut zu halten. Die kapitalistische Produktionsweise braucht Ausbeutung, um Mehrwert und Profit zu produzieren. Ohne Profit funktioniert nichts. Im Kapitalismus kann kein Unternehmen ohne Profit existieren – das ergibt keinen Sinn. Dafür müssen Menschen aber für einen Lohn arbeiten, der unter dem liegt, was sie an Wert produzieren.

Natürlich geht es uns in Deutschland heute besser als vor ein paar hundert Jahren. Das liegt auch am maschinellen und technologischen Fortschritt, der es ermöglicht, in der gleichen Arbeitszeit mehr oder andere Waren und Dienstleistungen zu produzieren. Was uns dieser Fortschritt jedoch nicht gebracht hat, das ist weniger Arbeit. Als Lohnabhängige müssen wir weiterhin arbeiten, um unsere Miete zu bezahlen, mit dem Risiko, obdachlos zu werden, wenn uns der Arbeitsmarkt gerade nicht braucht. Die Arbeit wird nicht weniger, es wird nur mehr produziert. Ein Teil der Produktion findet nun in den sogenannten ›Niedriglohnländern‹ der globalen Peripherie statt, aber trotz dieser enormen Ausbeutung reicht vielen Arbeiter*innen in Deutschland und etwa den USA der Lohn nicht mehr zum Überleben. Trotz des kapitalistischen ›Fortschritts‹ verbessern sich global gesehen die Lebensumstände eines großen Teils der Menschheit nicht. Um das in der Tiefe zu verstehen, benötigen wir ein grundlegendes ökonomisches Wissen.

Yannic: Das wirft einen häufigen Einwand gegen ein gesellschaftliches Verständnis nach Marx auf, dass der Fokus auf das Ökonomische die Komplexität von Gesellschaft und Geschichte vernachlässigt – das Handeln von Menschen läuft eben nicht streng nach einer ökonomischen Logik ab. Stattdessen, so heißt es, sollten wir uns mit der konkreten, realen Geschichte und Gesellschaft auseinandersetzen, anstatt uns nur mit linker ökonomischer Theorie über den Kapitalismus zu beschäftigen. Es geht aber nicht darum, die kapitalistische Logik auf alle Lebensbereiche zu übertragen und Nuancen zu ignorieren. Um eine Gesellschaft, die auf der kapitalistischen Wirtschaftsform basiert, mit Marx zu verstehen, müssen wir gleichzeitig das Handeln der Menschen, die Eigenlogik der verschiedenen Gesellschaftssphären und die grundlegende kapitalistische Logik anerkennen.

Die Geschichte ist das, was tatsächlich passiert, das ›Wirkliche‹. Sie basiert auf dem Handeln von Menschen. Im Kapitalismus findet dieses Handeln aber in Verbindung mit einer Wirtschaft statt, die nach kapitalistischen Prinzipien funktioniert und in erster Linie auf Profit ausgerichtet ist. Die kapitalistische Wirtschaftsform folgt also einer bestimmten Logik, da die Menschen in diesem System bestimmte Beziehungen zueinander eingehen. Diese Logik strukturiert einen zentralen Teil der Gesellschaft.

In ökonomischen Werken wie ›Das Kapital‹ hat Karl Marx die kapitalistische Logik und die Ausrichtung der Menschen in diesem Bereich herausgearbeitet. Dass der italienische Marxist Antonio Gramsci von einer *Revolution gegen das Kapital* sprechen kann – weil die Russische Revolution sich von den Ideen aus Marx‘ Buch unterscheiden würde, dass der schnelle Weg zum Sozialismus den am weitesten entwickelten kapitalistischen Ökonomien gehöre – liegt daran, dass die Logik des Kapitals und der kapitalistischen Klasse in der realen Geschichte immer mit anderen Klassen und Gesellschaftssphären in Kontakt kommen, die nicht unbedingt der vollen kapitalistischen Logik folgen. Dennoch bildet diese kapitalistische Logik das Fundament unserer heutigen Gesellschaft. Der Unterschied zwischen der ökonomischen Logik der kapitalistischen Produktionsweise und der realen Geschichte liegt aus meiner Sicht darin, dass es sich um den Unterschied zwischen der *Logik* eines Systems und der *tatsächlichen Entwicklung* dieses Systems handelt. Es geht um den Unterschied zwischen einer Reihe von *Regeln und Grenzen* und den vielen *tatsächlichen Handlungen* von Menschen. Um unsere heutige Gesellschaft mit Marx zu verstehen, müssen wir sowohl anerkennen, dass unser Zusammenleben zutiefst von kapitalistischen Gesetzen bestimmt wird, die außerhalb unseres bewussten Einflusses liegen, als auch dass die reale Geschichte darauf aufbaut, aber keine bloße Ableitung davon ist.

Das Wissen über die ökonomischen Zusammenhänge des Kapitalismus ermöglicht es uns, die Spielregeln in einer kapitalistisch geprägten Gesellschaft zu verstehen. Dadurch erkennen wir auch die Grenzen, die uns dieses System setzt, sowie seine Tendenzen und Perspektiven. Wir können verstehen, dass Kapitalist*innen in diesem System bestimmten Zwängen unterliegen, denen sie sich beugen müssen, um zu überleben. Wenn sie im Konkurrenzkampf nicht untergehen wollen, müssen sie das Spiel um hohe Gewinne mitspielen. Dadurch können wir nachvollziehen, welche ökonomischen Anreize dieses System bietet, um beispielsweise bestimmte Gruppen in der Bevölkerung weiterhin zu diskriminieren – weil das die Ausbeutung erleichtert. Es zeigt uns, dass unser gesellschaftliches Handeln und die Geschichte nicht einfach in der Luft schweben, sondern wie ein Luftballon an einem schweren Stein am Boden verankert sind. Das bedeutet nicht, dass der Luftballon nicht bewegt werden kann oder dass man den Stein nicht mit großer Kraft verschieben kann. Es verdeutlicht aber, dass die Gesellschaft einen wichtigen ökonomischen Anker hat. Das Wissen über die Möglichkeiten und Unmöglichkeiten sowie über die Perspektiven bildet die Grundlage, um wissenschaftlich mit einer Gesellschaft umzugehen, die auf einer kapitalistisch gestalteten Wirtschaft basiert.

Lea: Das Bild mit dem Luftballon muss ich mir merken: In der materialistischen Philosophie ist es zwar grundlegend, dass soziale Verhältnisse einen entscheidenden Einfluss haben. Trotzdem handelt es sich dabei nicht um ›Naturgesetze‹, die einen festen, unveränderbaren Rahmen vorgeben, der nicht überschritten werden kann. Marx verwendet den Begriff der ›Logik‹ zwar kaum, aber er überzeugt mich mehr als der Begriff ›Gesetz‹, weil er eher auf Tendenzen und Grundregeln verweist, anstatt auf einen starren und unflexiblen Rahmen. Wenn wir von ›Gesetzen‹ oder ›Logiken‹ der kapitalistischen Produktionsweise sprechen – was bedeutet das konkret?

Yannic: Am besten schauen wir uns das Handeln der Menschen genauer an. Auch der Kapitalismus wird durch bewusstunbewusstes Handeln geprägt. Es entsteht eine Logik aus dem gesellschaftlichen Zusammenhang, die von den einzelnen Personen nicht einfach abgeschafft werden kann. Obwohl ich in meinem Garten Tomaten anpflanzen kann, kann ich alleine nicht ändern, dass die meisten Dinge, die wir täglich brauchen und konsumieren, über den Markt erhältlich sind. Engagierte Unternehmer*innen können zwar Fair Trade-Handys entwickeln, aber sie können nicht verhindern, dass der Sektor von großen Unternehmen beherrscht wird, die sich im Kampf um Profite nur für das Wohlergehen von Menschen und dem Planeten interessieren, wenn sie dazu gezwungen werden.

In menschlichen Gesellschaften haben wir es mit ›Gebrauchswerten‹ zu tun. Das sind Dinge, die uns durch ihre Eigenschaften nützlich sind, wie zum Beispiel der Laptop, an dem wir arbeiten, der Teller, auf dem wir unser Essen servieren, oder das Auto, mit dem wir zur Arbeit fahren. Der Reichtum unserer Gesellschaft besteht aus diesen Gebrauchswerten. Um sie herzustellen oder bereitzustellen, müssen Menschen arbeiten. Eine Taxifahrerin bringt ihre Gäste von A nach B, eine Schneiderin stellt Kleidung her und eine Programmiererin sorgt dafür, dass eine Website funktioniert. Dabei tun die Menschen laut Marx zwei Dinge: Sie stellen Gebrauchswerte her und erwirtschaften damit einen Umsatz, der ihren Lohn bezahlt. Wenn sie darüber hinaus arbeiten, produzieren sie mit den Gebrauchswerten einen Mehrwert und dadurch Profit für die Unternehmensinhaber*innen.

Die kapitalistische Produktionsweise dreht diese beiden Tatsachen auf den Kopf. Der Gebrauchswert verliert erstens an Bedeutung und es zählt nur noch, dass durch die Produktion Gewinn erzielt wird. Investor*innen in Apple investieren selten aus Liebe zum Handy, sondern weil sie Gewinn erwarten. Dadurch wird produziert, was Gewinn bringt, und der Gebrauchswert verliert an Bedeutung – zumindest für die kapitalistische Klasse. Der Lohn der Arbeiter*innen ist zweitens nicht mehr die Voraussetzung für die Produktion von Mehrwert, sondern die Produktion von Mehrwert wird zur Voraussetzung für die Arbeit als Ganzes. Wenn eine Arbeit der kapitalistischen Klasse keinen Mehrwert bringt, werden die Arbeiter*innen nicht angestellt und erhalten keinen Lohn.

Die Konkurrenz innerhalb der kapitalistischen Klasse, der Mehrwert als Grundlage für ihren Profit, der Klassenkampf zwischen Arbeitenden und der kapitalistischen Klasse um Anteile am produzierten Reichtum, die regelmäßigen Krisen und die langfristigen ökonomischen Probleme des Kapitalismus, weil die kapitalistische Klasse auf der Suche nach Extraprofiten Arbeitskräfte durch Maschinen ersetzen und so die Grundlage ihres Gewinns aus der Produktion ausschließen, was langfristig das Kapitalwachstum beschränkt – all das sind Grundregeln des Kapitalismus. Durch diese Grundregeln und durch Denkmuster, Verhältnisse und andere Faktoren wird das Spielfeld abgesteckt, auf dem wir im Kapitalismus handeln. Handlungen sind also auch in dieser Gesellschaftsform nicht beliebig möglich, sondern werden durch Spielregeln bestimmt.

Das erinnert mich an den Begriff der ›Pfadabhängigkeit‹ aus den Sozialwissenschaften. Wenn wir geboren werden, existiert bereits eine gewachsene Welt um uns herum, an der wir bei unseren Handlungen nicht vorbeikommen. Könnte ich zum Beispiel die erste Glühbirne erfinden? Nein, weil ich in einer Welt geboren wurde, in der das bereits geschehen ist. Aber ich könnte etwas entwickeln, das auf der Technik von Glühbirnen aufbaut. Oder ich könnte eine Glühbirne nutzen, um mich nachts in meiner Wohnung auf der Suche nach einem Glas Wasser zu orientieren. Das Wissen über die Ökonomie ist wichtig, denn die kapitalistische Produktionsweise und die Beziehungen, die wir in ihr eingehen, sind Teil der uns gegebenen Umstände. Einerseits entsteht daraus eine Pfadabhängigkeit aus der Vergangenheit, aus der wir uns nicht lösen können, und andererseits gibt es vorgegebene Wege für die Zukunft. Es gibt Wege, die in diesem kapitalistischen System möglich sind, und es gibt Wege, die erst möglich werden, wenn wir das kapitalistische System überwinden und alle darin enthaltenen Regeln, Logiken und Dynamiken über Bord werfen. Auch unsere Auseinandersetzung in Politik und Zivilgesellschaft kann sich davon nicht lösen.

Lea: Du sprichst zwei Aspekte an: Zum einen die Gewachsenheit in der Geschichte, die du mit dem Begriff ›Pfadabhängigkeit‹ verbindest. Zum anderen, dass die Gesellschaft und die kapitalistische Produktionsweise die Struktur vorgeben, in der sich etwas entwickelt und in der wir denken und handeln (können). Hier möchte ich anknüpfen. Wir beide haben unter anderem Sozialwissenschaften studiert und sind mit vielen soziologischen Theorien in Berührung gekommen, die alle *einen* Aspekt von unserer kapitalistischen Gesellschaft herausgreifen und darauf alles zurückführen. Es gibt da so schöne Begriffe wie ›McDonaldisierung‹, ›Glokalisierung‹ oder ›Risikogesellschaft‹. Diese Theorien ergeben in sich Sinn, weil sie einzelne Aspekte unserer Gesellschaft betrachten. Sie werfen aber keinen Blick auf das große Ganze. Aus marxistischer Perspektive betrachtet, finde ich das unbefriedigend, weil das Dynamiken sind, die auch Teil des globalen kapitalistisch geprägten Systems sind und daraus resultieren. Doch genau hier setzt die Erklärung oft nicht an. Sie bleibt stattdessen viel zu oft bei einem ›Die Gesellschaft *ist eben* so und so‹, ›Die Gesellschaft hat sich *irgendwie* dahin entwickelt‹ oder ›Die Technologie *bestimmt* uns‹ und setzt als erklärendes Element einfach etwas anderes, das wiederum zu erklären wäre. Mir fehlt das ›Warum‹!

Diese Theorien sind unbefriedigend, weil sie das ›Warum‹ höchstens oberflächlich beantworten. Eine nichtmarxistische Soziologin würde vielleicht sagen: »In unserer heutigen Gesellschaft denken wir in Likes, weil wir Dinge auf Facebook, Instagram, TikTok und ähnlichen Plattformen liken können.« Als Marxistin sage ich, dass sich das Like durchgesetzt hat, weil es uns süchtig macht, Daten über unsere Vorlieben generiert und Social Media-Konzerne uns damit auf ihren Plattformen halten, um uns Werbungen anzuzeigen. Es kommt wieder auf die Logik des Kapitals zurück, dass sich dadurch Geld machen lässt.

Wie kann man die kapitalistische Wirtschaftsform aus der Gesellschaft wegdenken, wenn alle Menschen jeden Tag nach kapitalistischen Prinzipien überleben müssen? Wie Marx und Engels sagen: Die Produktion der Dinge, die wir zum Überleben brauchen, ist die erste geschichtliche Tat.[22] Die Ökonomie bestimmt, wie Arbeit organisiert wird, wie Waren verteilt werden, unter welchen Umständen Teilhabe an der Gesellschaft möglich ist, was belohnt wird, was bestraft wird und was als erfolgreiches Leben gilt. Es ist für mich unmöglich, die Gesellschaft gut zu analysieren, ohne diese Tatsachen miteinzubeziehen. Wir Menschen sind nicht ›einfach so‹. Wir sind in eine Welt hineingeboren, die aktuell eben kapitalistisch ist.

Yannic: Durch eine Sensibilität für die ökonomischen Zusammenhänge und Dynamiken des Kapitalismus wird nicht bloß unser tägliches Leben und Handeln besser verständlich. Wir können die kapitalistische Produktionsweise auch als eine geschichtliche Produktionsweise betrachten. Er ist aus einer bestimmten geschichtlichen Situation entstanden, entwickelt sich unter dem Einfluss politischen Handelns weiter und stößt immer wieder an seine eigenen Grenzen.

Wenn wir zum Beispiel die Entstehung des Kapitalismus aus dem Feudalismus heraus betrachten, wird deutlich, dass die kapitalistische Produktionsweise nicht bloß Menschen voraussetzt, die ihre Arbeitskraft frei verkaufen, oder Kapital, auf der Suche nach Profit, sondern auch ihr Aufeinandertreffen.[23] Dafür mussten feudale Abhängigkeiten aufgelöst werden, Abgaben wurden zu Geldrenten[24] umgewandelt und es entstand der Zwang zur Steigerung von Produktivität und Ertrag durch Pachtverhältnisse zuerst im spätfeudalen England.[25] Zusätzlich war es wichtig, dass vor allem England und die Niederlande den geopolitischen Raum hatten, um sich unabhängig von äußeren Einflüssen, insbesondere der Habsburger, in bestimmte Richtungen zu entwickeln.[26] Sie konnten außerdem auf Arbeitskraft und natürliche Ressourcen aus ihren Kolonien weltweit zurückgreifen.[27]

Auch im Kapitalismus gibt es beides: Eine Entwicklung in der Zeit, die das Gesicht des Kapitalismus immer wieder verändert, und ein konstantes Wesen, das gleich bleibt. Dieses konstante Wesen des Kapitalismus bzw. der kapitalistischen Gesellschaftsformation – also dem gesellschaftlichen Ganzen, in das die kapitalistische Produktionsweise eingebettet ist – ist erstens die Anhäufung von Kapital, zweitens die Suche der in Konkurrenz stehenden kapitalistischen Klasse nach Profiten und drittens die Ausbeutung doppelt freier Lohnarbeiter*innen[28]. Über dieses konstante Wesen des Kapitalismus hinaus wechselt er aber immer seine Erscheinung, sein Gesicht, die Art, wie sich das konstante Wesen verändert. In unserer Gesellschaft verbinden sich ökonomische, politische, soziale und kulturelle Verhältnisse und bilden in einem bestimmten Moment der

Geschichte eine Einheit. Die ökonomischen Verhältnisse bestimmen, wie wir produzieren, wie wir unser Leben reproduzieren, wie unsere Arbeitsprodukte angeeignet, verteilt und konsumiert werden. Marx nannte das gesellschaftliche Betriebsweisen.[29] Während die kapitalistische Produktionsweise das übergreifende, konstante Wesen ist, finden sich innerhalb der kapitalistischen Produktionsweise verschiedene gesellschaftliche Betriebsweisen, die mit verschiedenen spezifischen Produktivkräften, Rahmenbedingungen, Klassen- und Sozialstrukturen sowie kulturellen und klassenspezifischen Denkweisen verbunden sind.[30] Diese verschiedenen Formen haben dem Kapital neue Möglichkeiten gegeben, um seine Dynamik voranzutreiben. So war die große Industrie eine gesellschaftliche Betriebsweise, die mit den Maschinen der ersten Industrialisierung einherging, mit Fabrikarbeit und den wenigen gesetzlichen Regulierungen des 19. Jahrhunderts. Der darauf folgende Fordismus ging wiederum nicht nur mit neuen technischen Möglichkeiten und Produktionssektoren sowie der standardisierten Massenproduktion, sondern auch mit verstärkter gesetzlicher Regulierung, sozialstaatlichen Elementen und erweitertem privaten Konsum einher.[31] Heutzutage könnte man sagen, dass die fordistische Betriebsweise durch den Neoliberalismus, mit seiner Deregulierung, Finanzialisierung und der verstärkten Konkurrenz abgelöst wurde. Allerdings hat der Neoliberalismus das Problem, dass er keinen wirklichen Fortschritt für Wirtschaft und Produktion bedeutet. Stattdessen baut er auf verstärkter Ausbeutung und dem Glücksspiel am Finanzmarkt auf Kosten der realen Wirtschaft auf. Von Teilen der marxistischen Linken wird das Potenzial für eine neue Betriebsweise in den technischen Möglichkeiten der Gegenwart gesehen; eine Betriebsweise, die eine neue wirtschaftliche Dynamik in Gang setzen kann. Diese Betriebsweise würde auf vernetzten Betrieben und Unternehmen beruhen, die digitalen Möglichkeiten nachhaltig fruchtbar machen und so auch eine neue Form der gesellschaftlichen Zusammenarbeit möglich machen, die durch ihre Vernetzung mit einem Fuß im Sozialismus steht.[32]

Durch ein Verständnis für die kapitalistische Produktionsweise können wir auch ihre Grenzen erkennen. Ich habe das Beispiel genannt, dass sie wie eine Benzinfüllung für das Auto ist: Sie beschleunigt, trägt uns eine Weile und kommt schließlich an ihre Grenzen. Durch die kapitalistischen Produktionsverhältnisse und die Konkurrenz zwischen den Kapitalist*innen konnten Wohlstand, individuelle Entwicklung, Technologie und Wissenschaft in einem schnellen Tempo voranschreiten. Als aber keine hohen Profite mehr erzielt werden konnten, begann der Kapitalismus ins Negative umzuschlagen. Finanzkapitalistische Eskapaden und die Umstrukturierung von Unternehmen im Sinne des ›Shareholder Value‹ sollten die Profite wieder ankurbeln. Der finanzialisierte Kapitalismus führte aber zu einem enormen Markt für Spekulationen auf Kosten der arbeitenden Bevölkerung und zu einer langfristigen Umgestaltung der produktiven Basis unserer Gesellschaft. Neoliberale Politiken wurden ebenfalls eingesetzt, um den Druck auf kapitalistische Profite zu verringern, indem durch Arbeiter*innen erkämpfte Zugeständnisse und sozialstaatliche Sicherungen abgebaut wurden. Der Kapitalismus ist mit dem Versprechen angetreten, den Wohlstand für alle durch den kapitalistischen Profitdrang, die Konkurrenz und den freien Markt zu steigern. Gleichzeitig werden Menschen, die dementsprechend ein besseres Leben fordern, als ›gierig‹ und ›verweichlicht‹ dargestellt. Die Tatsache, dass die Entwicklung hin zu mehr Wohlstand im Kapitalismus unterbrochen wurde, zeigt, dass die aktuellen Produktionsverhältnisse von einer treibenden Kraft zu einer blockierenden Kraft geworden sind. Und das bezieht noch nicht einmal die weltweite Ausbeutung von Natur und Menschen mit ein, die ein täglicher Bestandteil des Kapitalismus ist.

Der Übergang von einer fortschrittlichen zu einer destruktiven kapitalistischen Produktionsweise erschüttert den gesellschaftlichen Konsens zum Kapitalismus. Solange ein Gesellschaftsentwurf den Menschen ein besseres Leben bieten kann, wird er unterstützt. Doch wenn dies nicht mehr möglich ist, schwindet die Unterstützung, auch wenn die Überwindung des Kapitalismus dadurch nicht automatisch erfolgt.

Lea: Die Beispiele zeigen, wie die Politische Ökonomie helfen kann, aktuelle Tendenzen und Veränderungen zu verstehen. Ein Aspekt, der den Marxismus für mich stark macht, liegt im schon angerissenen Punkt, dass er in seiner Analyse nicht individualisiert. Dazu habe ich das Beispiel der häufig liberalen Individualisierung der Politiken des US-Präsidenten Donald Trump genannt.

Ein weiterer wertvoller Aspekt der marxistischen Theorie ist, dass sie nicht moralisiert. Das bedeutet nicht, dass Marx sich nicht selbst aus moralischen Gründen mit Politischer Ökonomie beschäftigt hat oder dass wir nicht aus moralischen Gründen marxistisch sein sollten. Die theoretische Analyse konzentriert sich aber darauf, die *Logiken des Kapitalismus nachzuzeichnen*. Marx versucht in seinen ökonomischen Werken, den Kapitalismus nicht nur zu beschreiben, sondern seine Gesetze zu durchdringen. Dass Lohnarbeit eine zentrale Rolle einnimmt, liegt nicht an einer moralischen Minderwertigkeit unbezahlter Arbeit, sondern weil sie für den Kapitalismus höherwertig ist. Denn Lohnarbeit ist die Voraussetzung und einzige Quelle von Mehrwert im Kapitalismus. Wenn Marx beschreibt, dass Natur im Kapitalismus als ›gratis Geschenk‹[33] behandelt wird, bedeutet das nicht, dass er Natur als moralisch wertlos betrachtet. Er zeigt vielmehr, dass Natur im Kapitalismus für die Verwertung des Kapitals frei angeeignet werden kann. Marx betont sogar, dass der Kapitalismus Natur und Mensch gleichermaßen zerstört.[34] Was Marx beschreibt, sind ökonomische Logiken, und wenn sie uns aufstoßen, dann zeigt das genau auf, dass diese Logiken eben nicht dem entsprechen, wie wir uns gerne eine Wirtschaft wünschen würden – nämlich eine, in der Lohnarbeit nicht höher gewichtet wird als andere Arbeit und eine Wirtschaft, in der Natur nicht als kostenloses Geschenk betrachtet und daher frei angeeignet wird.

Ein dritter Aspekt, den ich an einem marxistischen Verständnis schätze, ist die Abwesenheit von Illusionen hinsichtlich einer Reformierbarkeit des Kapitalismus. Ich würde es mir sehr wünschen, dass wir durch Wahlen und Reformen den Kapitalismus abschaffen könnten. Aber der Kapitalismus ist keine bloße Ansammlung von Regeln, sondern eine grundlegende gesellschaftliche Struktur. Ein marxistisches Verständnis besagt nicht, dass wir nichts reformieren können oder sollten. Aber der Marxismus vermittelt uns nicht den Eindruck, dass der Kapitalismus jemals gerecht und wirklich nachhaltig sein könnte. Das mag weniger Spaß machen als die Vorstellung einer Ökonomie in Form eines Donuts oder die einfache Aussage, dass Unternehmen dem Gemeinwohl folgen sollten und dadurch alles gut wird. Aber es gibt unserem Kampf eine sinnvolle Richtung, weil wir wissen, wofür wir kämpfen müssen, um nicht manipulierbar zu sein. Marxismus ist deswegen mein Handwerkszeug, um die Welt zu verstehen.

Yannic: Bei der Auseinandersetzung mit dem Marxismus ist es, denke ich, wie bei jeder Weltanschauung: Anfangs übernehmen wir sie oft bedingungslos. Wenn wir beginnen, lernen wir, dass das gesellschaftliche Sein das Bewusstsein bestimmt, die kapitalistische Klasse die Interessen des Kapitals vertritt und dass die Arbeiter*innenklasse ihre Interessen vertritt, wodurch sie sich selbst als Klasse und die Klassengesellschaft als Ganze aufhebt.

Aber im Laufe der Zeit lernen wir, den Marxismus als Methode anzuwenden, um die Welt zu verstehen. Die Theorie und Kritik des Kapitalismus, von der wir sprechen, ist recht allgemein gehalten. Sie besagt, dass das Kapital wachsen muss und die kapitalistische Klasse die Arbeiter*innen ausbeutet. Doch die Realität ist natürlich komplexer als das, was in ein paar Büchern über das Kapital zusammengefasst werden kann. Unser kapitalistisches System folgt einer allgemeinen Logik, die aber nicht immer im Alltag sichtbar ist.[35] Sie wird beeinflusst und teilweise eingeschränkt durch andere gesellschaftliche Bereiche, wie zum Beispiel die Fürsorge für andere Menschen.[36] Sie wird durch das Handeln von Menschen Realität, die jeden Tag unterschiedliche Stimmungen haben können. Sie wird durch politische Kämpfe ergänzt und durch die lokalen Umweltbedingungen beeinflusst. Daher können wir den Kapitalismus nicht uneingeschränkt als Erklärung für alles heranziehen. Kapitalismuskritik hat ihre Berechtigung, aber wir müssen in unseren Antworten der Komplexität der Situationen gerecht werden. Wir müssen die Vielfalt der Interessen einzelner Menschen, die kulturellen Prägungen, nicht ausschließlich wirtschaftliche gesellschaftliche Krisen wie Pandemien, die ökologischen Bedingungen und Veränderungen, die Naturverhältnisse und unsere geistigen Vorstellungen von der Welt berücksichtigen. Kapitalismuskritik muss über die kapitalistische Produktionsweise hinausgehen und die Gesellschaft als komplexes Ganzes aufnehmen.

Lea: Es ist in Ordnung, erstmal irgendwie in den Marxismus reinzustürzen. Denn wann ist unser Verständnis des Marxismus jemals vollständig? Wann können wir sagen, wir haben genug gelesen, um ein endgültiges Urteil über die Welt zu fällen? Das wird nicht passieren. Es gibt einfach zu viel, was wir wissen und durchdringen müssten. Deswegen müssen wir akzeptieren, dass unser theoretisches Wissen immer unvollständig sein wird. Wir können bessere Analysen anstreben, keine vollständigen. Und den Anspruch sollten wir an uns und andere haben. Wir sollten uns verbessern und es besser machen, aber uns auch eingestehen, dass wir noch auf halbem Weg sind. Deswegen werden wir zwangsläufig Fehler machen und falsche Urteile fällen. Es wäre aber falsch anzunehmen, dass wir zuerst ein vollständiges Marx-Studium absolvieren sollten, bevor wir ihn anwenden. Wichtig ist, dass wir als Bewegung eine gemeinsame Theorie haben, eine Grundlage, auf der wir uns verständigen können. Für viele in der linken Bewegung ist das der Marxismus, zumindest in Bezug auf die Kritik am Kapitalismus können sich die meisten einigen. Als Teil dieser Bewegung ist es wichtig, gemeinsames Wissen aufzubauen, um umfassende Theorien und Analysen zu entwickeln und voneinander zu lernen. Es muss also nicht jede*r Einzelne alles verstehen, aber als Bewegung sollten wir genug verstehen, um uns gegenseitig zu helfen und wohlwollend zu kritisieren. Als Lernende können wir diese Kritik als Möglichkeit sehen, um uns weiterzuentwickeln. Gleichzeitig müssen wir anerkennen, dass wir eine sozialistische Alternative zum Kapitalismus brauchen und dass diese Alternative auch realistisch ist.

Heute haben wir das Problem, dass linke Theorien sehr verstreut sind. ›Das Kapital‹ ist ein linkes Standardwerk, aber wer hat es heutzutage schon gelesen? Das war mal anders. Heute gibt es so viele Bücher, was zwar gut ist, aber es erschwert auch eine gemeinsame Grundlage. Immer mehr Menschen reduzieren linke Theorien auf ideologische oder moralische Vorstellungen oder auf eine oberflächliche Kapitalismuskritik, ohne die Dynamiken tatsächlich zu verstehen. Und das ist der ›Marxismus‹, der die linke Bewegung heute zusammenhält: Die meisten haben nur eine allgemeine Vorstellung, dass wir im Kapitalismus leben und dieses System mit unseren gesellschaftlichen Problemen zusammenhängt.

Und dann passiert genau das, was du ansprichst: Wir haben kein wirkliches Verständnis für die Dynamiken des Kapitalismus, und hauen das ›Der Kapitalismus ist schuld‹ ohne weiteres überall drauf. Natürlich basiert das auf der richtigen Erkenntnis, dass die kapitalistische Wirtschaftsform irgendwie mit allem zusammenhängt. Er ist allgegenwärtig, er beeinflusst unsere Beziehungen, definiert unser gesellschaftliches Zusammenleben, unser Handeln, unsere Wertvorstellungen und unsere Selbstwahrnehmung. Deshalb ist es auch falsch, Probleme *nicht* mit der kapitalistischen Wirtschaftsform in Verbindung zu bringen. Es stimmt also: Wir können sie nicht ausblenden. Trotzdem ist diese kapitalistische Wirtschaftsform in den meisten Fällen nicht der *einzige* Grund für unsere Probleme. Wenn wir also bei allem, was uns begegnet, sagen ›Der Kapitalismus ist schuld‹, dann ist diese Aussage mindestens unvollständig, vor allem machen wir uns aber unglaubwürdig. Wenn wir nicht erklären können, *wie* die kapitalistische Wirtschaftsform damit zusammenhängt und wie er mit anderen Faktoren zusammenspielt, sollten wir vorsichtig damit sein, leere Sätze herauszuposaunen. Wir überzeugen Menschen nicht von Kapitalismuskritik, indem wir immer die gleichen Glaubenssätze wiederholen, sondern indem wir Dinge besser erklären als es andere tun und indem wir Argumente vorbringen, die stimmen und die Menschen tatsächlich abholen. Ein ›Der Kapitalismus ist schuld‹ hilft psychisch kranken Menschen nicht weiter, aber zu zeigen, dass es neben den individuellen Faktoren, die in ihrer Therapie erkannt wurden, auch eine systemische Ebene gibt, und dass viele Menschen unter kapitalistisch geprägten Wertvorstellungen, sich sinnlos anfühlender Lohnarbeit und Produktivitätszwang leiden, kann dazu ermutigen, die eigene Krankheit in einem größeren Zusammenhang zu sehen.

Was ich damit sagen möchte, ist, dass wir uns bewusst sein sollten, dass die Probleme unserer Gesellschaft nicht einfach zu beantworten sind. Wir müssen versuchen, einen Mittelweg zu finden. Ich könnte es nicht treffender ausdrücken, als es Vivek Chibber in seiner Kritik der Ausblendung der kapitalistischen Wirtschaftsform in der postkolonialen Theorie macht: »Sicherlich ist es problematisch, hinter jedem gesellschaftlichen Phänomen das Kapital lauern zu sehen, aber nicht minder bedenklich ist es, den prägenden Einfluss des Kapitals dort zu leugnen, wo es tatsächlich ein wichtiger kausaler Faktor ist.«[37] Wir sollten also versuchen, anstatt alles auf die kapitalistische Wirtschaftsform zurückzuführen, zu verstehen, wo und wie sie in Dingen steckt. Und um ehrlich zu sein: Ich habe keine Ahnung, wie wir das richtig machen. Wir können von niemandem verlangen, das im Alltag immer zu beachten. Ich denke, wir müssen das Beste geben und versuchen, nach unserem besten Wissen zu handeln.

Yannic: Als Linke stehen wir eigentlich vor einem zentralen Widerspruch: Einerseits muss unsere Analyse die komplexe Welt, in der wir leben, erfassen. Dafür brauchen wir solide theoretische Grundlagen und eine entsprechende, ständig bewegte und aktualisierte Analyse der Realität. Eigentlich müsste man ständig lernen, um die Welt zu begreifen – sei es durch die Theorie von Marx, Debatten nach Marx, den Austausch mit anderen Linken oder die Auseinandersetzung mit bürgerlicher Literatur, aktuellen Ereignissen und Analysen von Stiftung, Gewerkschaften und Parteien. Aber selbst das theoretische Wissen würde nicht ausreichen. Es müsste in die Praxis umgesetzt werden, um die Welt tatsächlich zu verändern und – wie Marx sagt – »zur materiellen Gewalt«[38] zu werden. Linkes Wissen ist ja gerade darauf angelegt, dass es nicht theoretisch bleibt, sondern die Welt *verändert*. Vernachlässigen wir die praktische Seite und beschäftigen uns bloß noch mit theoretischen Ansätzen, werden wir im Ökonom*innen, Geschichtswissenschaftler*innen, Politolog*innen, Soziolog*innen – oder schlimmer: Philosoph*innen. Und das ist das Andererseits: Eine Gesellschaft voller Ökonom*innen oder voller ausgebildeter Revolutionär*innen ist utopisch. Nicht nur, weil es für sich schon eine überwältigende Aufgabe für Menschen ist, sondern weil Menschen darüber hinaus arbeiten müssen, weil sie Freundschaften haben und weil ihr Leben einen Sinn außerhalb der progressiven Kämpfe haben sollte.

Das führt zu einem Dilemma: Einerseits braucht es das breite theoretische Fundament, andererseits ist es unmöglich, dieses Wissen in dem Maße zu verbreiten, wie es erforderlich wäre. In dieser Situation wird ein leninistisches Konzept einer revolutionären Bewegung noch wichtiger als zu Lenins Zeiten: An einer Arbeitsteilung und spezialisierten Gruppen kommen wir nicht vorbei und das umfasst im politischen Bereich immer auch Parteien. Aber das löst den Widerspruch nicht auf, sondern stellt ihn als Aufgabe für diese Avantgarde. Merleau-Ponty sagt: »Die Diktatur der Wahrheit ist für jeden, der diese Wahrheit nicht klar erkennt, nichts anderes als nackte Autorität«[39]. Daher ist es die Aufgabe der Avantgarde, ständig daran zu arbeiten, das revolutionäre Wissen zugänglich zu machen, sodass eine revolutionäre Bewegung möglich wird.

Es ist auch wichtig, dass die revolutionäre Bewegung sich intensiver mit dem Verhältnis zwischen politischer Aktivierung und revolutionärer politischer Bildung auseinandersetzt. Politische Aktivierung hat in jeder Bewegung ihren Platz. Sie umfasst emotionale, bewusst heruntergebrochene Botschaften, die Empörung auslösen und zur praktischen Veränderung des Bestehenden motivieren sollen. Man könnte das auch als Propaganda bezeichnen – wenn der Begriff nicht aus nachvollziehbaren Gründen vorbelastet wäre. Keine politische Bewegung kommt ohne verkürzende Propaganda aus. Gleichzeitig ist es wichtig, den Platz dieser Propaganda klar zu definieren und einzuschränken. Es ist kontraproduktiv, wenn wir eine politische Bewegung auf politischen Parolen anstatt auf politischer Bildung aufbauen. Eine Aussage wie ›Das Kapital wächst, weil die Arbeitskraft ausgebeutet wird‹ ist wichtig, aber allein nicht ausreichend, um stabiles politisches Wissen aufzubauen. Dahinter stecken komplexe Argumentationsmuster, Analysen, Grauzonen, Diskussionen und Anpassungen. Gleichzeitig sollten wir die Grenze des notwendigen politischen Wissens dort ziehen, wo es für unsere alltägliche Praxis unwichtig wird. Ein umfassendes Wissen über die komplexen Zusammenhänge einer ökonomischen Theorie des Sozialismus ist zum Beispiel für die meisten nicht erforderlich, weil wir weder in einem sozialistischen System leben noch alle Menschen für die Wirtschaftspolitik eines solchen Staates zuständig wären. Es ist aber wichtig, ein grobes Verständnis möglicher Ansätze zu haben.

Schließlich müssen wir uns, wie du sagst, Gedanken über die Grenzen der Kapitalismuskritik machen. Kritik kann abgenutzt werden. Wenn wir immer wieder alles in der Gesellschaft kritisieren, weil es kapitalistisch geprägt ist, wird diese Kritik für Außenstehende zur Routine. Dann heißt es: »Ach, die Linken meckern wieder rum – das ist eben ihr Job.« Unsere Kritik verfehlt ab einem bestimmten Punkt ihr Ziel, auch wenn sie wahr ist. Außerdem gelingt es dieser Kritik oft nicht, die Komplexität des Systems zu erfassen und sie liegt deswegen manchmal falsch. Wenn wir beispielsweise sagen, dass eine Politik für die Arbeitenden in diesem System nicht möglich ist und Politiker*innen im Interesse der kapitalistischen Klasse handeln müssen, vernachlässigen wir die komplexen Zusammenhänge der Politik, bei denen die kapitalistische Wirtschaftsform zwar ein zentraler, aber nicht der einzige Bestimmungsfaktor ist. Wenn die reale Politik dann in eine andere Richtung geht als von uns prophezeit, schadet das der Durchschlagskraft anderer Kritikpunkte. Wir brauchen aber eine Kritik wie ein Erdbeben – eine Kritik, die aufrüttelt.

Das stellt uns wieder vor eine schwierige Situation: Einerseits *müssen* wir breit kritisieren und uns in politische Auseinandersetzungen stürzen – die »Kritik im Handgemenge«[40]. Häufig ist es unsere Kritik, die die in kapitalistische Logiken eingespannte Politik unter Druck setzt, sodass arbeiter*innenfreundlichere Politiken durchgesetzt werden. Andererseits darf Kritik nicht zur bloßen Routine verkommen. Es braucht verschiedene Lautstärken der Kritik und eine klare Positionierung, wann und wie wir kritisieren, aus welcher Perspektive und mit welcher Sicherheit. Eine linke politische Kultur, die sich in Teilen weniger selbstsicher zeigt, könnte so möglicherweise zugänglicher sein.

Lea: Ich tue mir schwer mit der Vorstellung einer Avantgarde, die vorangeht. Einerseits stimme ich dir zu, dass nicht jede*r eine umfassende theoretische Bildung haben kann, und schon gar nicht können wir erwarten, dass die Mehrheit einer Bevölkerung über so eine theoretische Bildung verfügt. Andererseits halte ich es für falsch, von einer Gruppe auszugehen, die Veränderungen anführt und die anderen sollen – überzeugt durch ein paar Argumente – folgen. Wenn wir heute über Kapitalismuskritik sprechen, müssen wir von einer sehr komplexen Arbeitswelt ausgehen, die von unterschiedlichen Bildungshintergründen und Lebensrealitäten unter den Lohnarbeitenden geprägt ist. Es ist unrealistisch zu erwarten, dass eine Gruppe ihre Bedürfnisse repräsentiert und deshalb als Avantgarde angenommen wird. Stattdessen sehe ich das eher als eine Bewegung, in der eine Art dezentrale Arbeitsteilung existiert: Manche befassen sich mit Theorie, andere organisieren in ihren Communities, manche tun beides. Anstatt in starre Formen zu verfallen, sollten wir uns selbst und gegenseitig bilden und den Anspruch haben, dass Menschen in der linken Bewegung verstehen und lernen wollen. Vielleicht meinst du mit Avantgarde nicht etwas so Extremes, aber ich stelle mir dabei immer eine Partei vor, die sich immer weiter von den Menschen entfernt und dadurch den Bezug zur Lebensrealität verliert. Das sollte nicht passieren, im Gegenteil: Wir müssen Menschen dort abholen, wo sie sind und sie dann mit auf den Weg nehmen. Und wo Menschen gerade sind, ist eine individualistische Gesellschaft, in der der bloße Glaube an ein gemeinsames sozialistisches Ziel wahrscheinlich nicht überzeugend ist. Hier sind wir uns wieder einig, denn ich glaube, dass deine Unterscheidung zwischen Parolen und Bildungsarbeit genau hier ansetzt. Parolen sind schön und gut – ich selber habe mich am Anfang meiner Politisierung vor allem auf Parolen gestützt. Parolen können politisieren und Menschen kurzzeitig zum Teil der Bewegung machen. Aber was langfristig bleibt, ist ein umfassendes Verständnis gesellschaftlicher Prozesse, das wir durch linke Bildungsarbeit und tiefgreifende Kritik bekommen.

Was ich aber noch viel wichtiger finde, ist, dass unsere Kritik an der realen Welt ansetzt und auf Veränderung abzielt. Denn das ist das, was uns als linke Bewegung verbindet: der Wunsch nach einer gerechteren Welt. Anstatt also ständig darauf zu beharren, dass wir theoretisch zu 100% richtig liegen, sollten wir uns vielmehr bewusst sein, *was wir wollen*. Und das wirft eine ganz neue große Frage auf: Wann ist linke Theorie Selbstzweck und wann wird sie zum Werkzeug für Veränderung?

Yannic: Vermutlich sind wir uns einig: Der Standort einer Person innerhalb einer Gesellschaft und im globalen System beeinflusst maßgeblich, welche Ideen sie wie aufnimmt. Ein wohlhabender *weißer* Mann in Berlin wird die Welt anders betrachten und andere Weltanschauungen für naheliegender halten als eine stark ausgebeutete Frau in Dhaka oder Neu-Delhi. Gleiches gilt für Theorie. Meine Herangehensweise an Theorie wird sich von deiner unterscheiden. Wenn politische Theorie nicht über mein eigenes Überleben entscheidet, wenn sie keine Waffe für meine eigene Befreiung ist, sondern ein Instrument, das möglicherweise meiner eigenen Position widerspricht, besteht immer die Gefahr, dass die Theorie zu einem Selbstzweck wird. Sie wird zu einem Teil meiner intellektuellen Persönlichkeit oder dient als Aspekt meiner Selbstdarstellung nach außen. Das ist wahrscheinlich einer der Hauptgründe, warum Theorie zu einem Selbstzweck wird, anstatt eine gesellschaftsverändernde Praxis zu sein.

Lea: Ich habe oben schon Chibber zitiert, der wahrscheinlich prominenteste Kritiker der postkolonialen Theorien. Das eigentliche Problem vieler universitärer Theorien besteht darin, dass sie sich zu sehr auf die Theorie selbst konzentrieren. Antikoloniale Theoretiker*innen wie Frantz Fanon haben aus ihrer eigenen Unterdrückung heraus geschrieben. Fanon, selbst Kolonisierter, hat seine Werke während des Befreiungskampfes in Algerien geschrieben. Sein Ziel war es nie, eine schöne und reine Theorie zu formulieren. Vielmehr wollte er den Kolonisierten Werkzeuge an die Hand geben, um sich selbst zu befreien. Es war Theorie für die Praxis. Einige Jahrzehnte später entstand die postkoloniale Theorie, angeführt von den Subaltern Studies. Auch hier handelt es sich im Grunde um einen Ansatz, der sich gegen Kolonisierung und koloniale Strukturen richtet. Der große Unterschied besteht darin, dass es sich bei der postkolonialen Theorie um eine intellektuelle Theorietradition handelt. Es geht um die Analyse von Strukturen, von Kulturpraktiken und um Kritik, aber es geht nicht darum, Menschen außerhalb des universitären Bereichs politisch zu aktivieren und mitzureißen. Während antikoloniale Ansätze kaum an Universitäten Eingang gefunden haben, vor allem nicht in Europa, kann man mit postkolonialen Ansätzen an ›westlichen‹ Universitäten Karriere machen. Der Grund dafür liegt darin, dass sie zahnlos sind. Postkoloniale Theorien kritisieren sicherlich globale Strukturen, den Kolonialismus und die ›westliche‹ Wissenschaft. Aber diese Kritik lässt sich auf intellektueller und kultureller Ebene lösen. Sie brauchen keinen Kampf und schon gar keinen Klassenkampf. Das ist ein gutes Beispiel dafür, wie ein revolutionärer Ansatz wie der marxistisch geprägte Antikolonialismus zu einer Theorie wird, die keine gesellschaftliche – und damit meine ich eben auch eine ökonomische – Veränderung mehr bewirkt.

Yannic: Das hängt wieder damit zusammen, dass Theorie in Deutschland und anderen Ländern des ökonomischen Zentrums nicht mit Praxis verbunden sein muss. Akademische Linke, wie wir es sind, folgen einem klassischen Weg: Wir kommen an die Universität und nehmen ein gesellschaftskritisches Verhältnis zur Welt ein. Aber der weitere Weg ist durch die Strukturen und Logiken unserer Gesellschaft beeinflusst: Vielleicht streben wir eine Karriere an der Universität an und übernehmen die kritischen Theorien, die dort akzeptiert werden, weil sie erstens nicht als gefährlich gelten und zweitens jahrzehntelang gefördert wurden. Oder wir springen auf den Individualismus-Zug unserer Gesellschaft auf und versuchen, unsere eigene Stimme lautstark zu äußern und Artikel zu veröffentlichen, um als wichtige intellektuelle Person wahrgenommen zu werden. Es gibt einfach keine Situation im intellektuellen Bereich in Deutschland, die uns zur Praxis treibt. Stattdessen verstrickt man uns in endlose akademische Spiele, die vorgeben, kritisch und aktiv zu sein, aber keine praktischen Konsequenzen ziehen. Eine kritische Haltung allein reicht nicht aus, um unsere Kritik wirksam zu machen. Es ist auch wichtig, in welchem Kontext unsere kritische Haltung aufgenommen und verarbeitet wird. Unsere Lebensumstände und die Verhältnisse, in denen wir uns befinden, spielen eine Rolle.

Lea: Grundsätzlich sehe ich nichts Falsches daran, wenn Menschen sich allein auf Theorie fokussieren. Ich finde es sogar sehr wichtig, radikale, marxistische Theorien an die Universitäten zu bringen, um Studierenden die Möglichkeit zu geben, sich damit auseinanderzusetzen und selbst diesen Weg zu gehen. Wir brauchen eine linke theoretische Tradition, die sich auch tiefergehend mit Themen beschäftigt, über Marxens Kapital hinausgeht und weiter forscht, statt nur Theorie zu vermitteln. Auch das würde ich unter die schon angesprochene Arbeitsteilung der linken Bewegung zählen. Es ist sinnvoll, auf verschiedenen Ebenen zu arbeiten, anstatt den ständigen Streit von Theorie gegen die Unvollkommenheit der Praxis oder von Seiten der Praxis gegen die Abgehobenheit der Theorie zu führen.

Aber auf den vielen Wegen, die wir im Leben außerhalb unseres Linksseins gehen, kann das Revolutionäre verloren gehen. Das ist nichts Theorie-spezifisches. Auch Menschen, die revolutionäre Ansätze verfolgt haben und vor Ort Menschen organisiert haben, werden mit dem Familien- und Arbeitsalltag bequemer oder gehen aus der Praxis in eine bürgerliche Partei, um beispielsweise bei den Grünen Karriere zu machen. Und auch im Wissenschaftssystem und im NGO-Bereich werden marxistische Ansätze tendenziell aussortiert.

Um zu verhindern, dass wir als theoretisch und praktisch aktive Menschen, auf diesem Weg nicht korrumpieren und unser revolutionärer, marxistischer Ansatz zu einer bürgerlichen Kritik wird, müssen wir uns immer wieder bewusst machen, worauf wir hinarbeiten. Unsere Theorie sollte den Weg zu einer Gesellschaft nach dem Kapitalismus ebnen: Kritik ist wichtig, aber sie ist nutzlos, wenn sie nichts Produktives hervorbringt. Wenn wir alles, was Menschen in der Praxis tun, als falsch und unvollkommen betrachten, wofür stehen wir dann noch? Es ist unmöglich, eine ›reine‹ Theorie zu entwickeln, weil die Realität immer chaotisch und komplex ist. Eine ›reine‹ Theorie kann nur entstehen, wenn sie keinen Bezug mehr zur Praxis hat. Es geht also nicht um die Reinheit und Widerspruchslosigkeit der Theorie, sondern um ihren Wert für die Praxis. Hilft sie den Menschen dabei, den Kapitalismus besser zu verstehen und sich selbst zu ermächtigen? Fördert unsere Kritik einen Wandel und stellt sich auf die Seite der Arbeiter*innenklasse? Oder ist die Theorie vor allem ästhetisch, mit beeindruckenden Wortneuschöpfungen und so abstrakt, dass sie außerhalb der Uni niemand versteht? Letzteres kann meiner Meinung nach weg.

Ich für meinen Teil versuche, mein theoretisches Wissen zu nutzen, um die Klassenkämpfe in der Welt zu identifizieren. Das hilft mir dabei, Kritik zu üben und mich mit Unterdrückten zu solidarisieren, ohne in die Falle des Bürgertums zu tappen und mich plötzlich für ein Projekt der herrschenden Klassen einzusetzen.

Yannic: Ich finde es schwierig, individuelle Lösungen für strukturelle Probleme vorzuschlagen. Genauso ist es mit der Forderung, sich etwas selbst bewusst zu machen. Dass Menschen im Alter ihren radikalen Antrieb verlieren, ist keine Frage fehlender Reflexion. Es entsteht eine bestimmte Lebenssituation, die zu einer Grundhaltung wird und auch unsere Reflexion beeinflusst.

Aber nur weil die Bedingungen für einen revolutionären Widerstand oder die Anwendung unseres Wissens aktuell nicht gegeben sind, bedeutet das nicht, dass unsere Arbeit sinnlos ist. Als Linke und Marxist*innen sind wir Expert*innen darin, an die Zukunft zu denken. Ich glaube, dass das auch hier notwendig ist: Revolutionäres Wissen mag heute noch nicht wirksam sein und revolutionärer Widerstand nicht verbreitet, aber wir können Vorarbeit leisten für Zeiten, in denen revolutionäres Bewusstsein auf revolutionäre Zeiten trifft. Erinnern wir uns an die Finanzkrise ab 2007. Damals war das System geschwächt und Veränderungen waren möglich. Gleichzeitig waren linke und marxistische Bewegungen durch das Ende des Realsozialismus und postmarxistische, postmoderne Strömungen auch geschwächt. Jede Arbeit, die wir heute an revolutionärem Bewusstsein leisten, bereitet uns auf die nächste Krise des Kapitalismus vor. Denn wenn die nächste Krise kommt – und sie wird kommen – sind wir darauf vorbereitet, unsere Situation besser zu verstehen und unseren Widerstand radikaler – also systemverändernd – zu gestalten. Das bedeutet nicht, dass wir nicht daran arbeiten sollten, die Geschichte anzustoßen, um die notwendigen Umwälzungen früher zu erreichen. In einer Situation, die von verschiedenen Gefahren geprägt ist und das Ende für die Menschheit bedeuten kann, ist das Warten eine schwierige Angelegenheit.

II. Kritisieren

Feminismus: materialistisch weiterdenken

Yannic: Um unsere heutige Gesellschaft zu verstehen, ist es wichtig zu erkennen, dass Arbeitende in einer kapitalistisch gestalteten Wirtschaft ausgebeutet werden und dass dieses System ständig in der Krise steckt.

Doch es gibt noch weitere Verhältnisse, in denen »der Mensch ein erniedrigtes, ein geknechtetes, ein verlassenes, ein verächtliches Wesen ist«[41]. Das sexistische Verhältnis, in dem sich Frauen befinden, sowie der Heterosexismus und der Cis-Sexismus sind aktuell wohl die präsentesten politischen Kämpfe in unserer Gesellschaft. Wie beurteilst du den aktuellen Stand der feministischen Bewegung? Welche Art von Feminismus ist heute dominant?

Lea: Es ist ein großer Fortschritt, dass wir über die Einzelheiten des Feminismus diskutieren können. Wir haben in Deutschland eine Phase erreicht, in der Feminismus zunehmend positiv wahrgenommen wird, obwohl es immer noch viele (cis) Männer gibt, die damit ein Problem haben. Gesamtgesellschaftlich und medial hat sich der Feminismus in den letzten Jahren etwas etabliert und Sexismus wird in immer mehr Kontexten kritisiert. Gleichzeitig gibt es jedoch auch einen Backlash, der von rechts-konservativen Menschen vorangetrieben wird, ähnlich wie in den USA. Damit müssen wir auch in anderen Ländern rechnen und uns auf diesen Angriff auf die Rechte von Frauen und queeren Menschen vorbereiten. Wir dürfen uns nicht sicher sein und müssen deswegen auch im Großen und Ganzen zusammenhalten. Das ist mir wichtig zu betonen. Trotzdem halte ich es für wichtig, dass wir uns innerhalb der Bewegung auch kritisieren. Der vorherrschende Feminismus hat sich in einem kapitalistischen Land so stark etabliert, nicht weil sich automatisch das

Beste durchsetzt und das Gute immer gewinnt, sondern weil sich eine bestimmte Art des Feminismus durchgesetzt hat, die besonders gut mit dem Kapitalismus vereinbar ist.

Dieser liberale oder neoliberale Feminismus orientiert sich komplett an kapitalistischen Prinzipien. Es geht nicht mehr um die Befreiung aller Frauen und queeren Menschen, sondern darum, dass Frauen und queere Menschen selbst über ihr Leben entscheiden sollen. Man kann das auch als ›Choice Feminismus‹ bezeichnen. Das ist an sich nichts schlechtes. Das Problem ist aber, dass auf der anderen Seite des Kapitalismus ›Entscheidungsfreiheit‹ immer auch ›Eigenverantwortung‹ bedeutet. Während der sozialistische Feminismus des 20. Jahrhunderts darauf abzielte, Frauen auch ökonomisch zu befreien und durch ökonomische Gleichstellung die Grundlage für Entscheidungsfreiheit zu schaffen, bleiben Menschen im neoliberalen Choice-Feminismus in ihren bestehenden Eigentumsverhältnissen gefangen. Das ist ein Kritikpunkt: Wirklich freie Entscheidungen können nur getroffen werden, wenn eine Person unabhängig ist, also auch ökonomisch unabhängig.

Daraus ergibt sich ein zweiter Kritikpunkt: Natürlich sollten wir freie Entscheidungen ermöglichen und als Grundlage für die Gestaltung des eigenen Lebens betrachten, auch wenn wir noch keine ökonomische Gleichheit erreicht haben. Das Problem des liberalen Choice-Feminismus besteht jedoch darin, dass Entscheidungen von Frauen und queeren Menschen grundsätzlich als selbstbestimmt und feministisch angesehen werden. Eine Frau möchte gerne Hausfrau und Mutter sein? Feministisch! Eine Frau steht darauf, beim Sex geschlagen zu werden? Feministisch! Eine Frau macht sich OnlyFans? Feministisch! Ich möchte hier nicht falsch verstanden werden: Menschen sollen freie und einvernehmliche Entscheidungen treffen können, zum Beispiel in Bezug auf ihr Familienleben. Und diese Entscheidungen können für einzelne Personen eine feministische Handlung sein. Trotzdem will ich einschränken, dass eine *Entscheidung an sich* zu treffen keine feministische Praxis ist. Eine Person kann mit ihrer Entscheidung zufrieden sein, aber die Entscheidung selbst kann dennoch das Ergebnis patriarchaler Verhältnisse und erlernter Glaubenssätze sein.

Und hier unterscheidet sich der liberale Feminismus vom materialistischen Feminismus: Ein materialistischer Feminismus betrachtet Menschen nicht als isolierte Individuen, die unabhängig voneinander ihre eigene Selbstverwirklichung anstreben. Ein materialistischer Feminismus berücksichtigt gesellschaftliche Verhältnisse. Es gibt nicht nur Individuen, die Entscheidungen treffen. Individuen sind Teil einer komplexen Gesellschaft, in der es strukturelle Machtverhältnisse, Abhängigkeiten und Ungleichheiten gibt. Innerhalb dieser Verhältnisse gehen Menschen Beziehungen miteinander ein und treffen Entscheidungen. Wie könnten diese Entscheidungen unabhängig sein?

Yannic: Dieses Verständnis vom feministischen Kampf knüpft an eine grundlegende These des marxistischen Menschenverständnisses an: Unsere gesellschaftlichen Verhältnisse prägen uns bis ins Innerste. Daher ist der Slogan der feministischen Bewegung, dass das Private politisch ist, im Marxismus von großer Bedeutung. Was bedeutet das für unser Selbstverständnis? Für unsere Art zu lieben? Und für unsere Sexualität?

Lea: Absolut. Die Idee, dass das Private politisch ist und auch Teil feministischer Fragen sein sollte, ist grundlegend in einer marxistischen Weltsicht enthalten. Um die Ausbeutung und Herabwürdigung von Frauen durch das Patriarchat zu beenden, reicht es nicht aus, sich nur auf formale und rechtliche Aspekte zu konzentrieren. Wir müssen auch unsere eigenen Bedürfnisse reflektieren. Diese Bedürfnisse entstehen nicht aus den Tiefen unserer Seele, sie sind weder angeboren noch naturgegeben. Wir haben sie im Lauf unseres Lebens entwickelt: Dazu zählen Vorbilder, zum Beispiel die Beziehungen unserer Eltern, Rollenbilder im Fernsehen, Sex im Porno und all die Glaubenssätze, die wir uns jeden Tag in einer patriarchalen Gesellschaft anhören. Was wir attraktiv finden, ist Teil dieser patriarchalen Gesellschaft. So schreibt zum Beispiel Pierre Bourdieu – kein Marxist, aber ein Soziologe, der sich also auch mit der Wirkung von Gesellschaft auf Individuen beschäftigt – dass unsere Vorlieben bei der Partner*innenwahl ein Herrschaftsverhältnis widerspiegeln.[42] Wenn Männer älter, größer, sexuell erfahrener und wohlhabender sein sollen als Frauen, dann wird das patriarchale Herrschaftsverhältnis in einer Beziehung deutlich. Das Gleiche gilt für den Heiratsantrag: Es gilt als romantisch, wenn Männer ihn machen. Der Vater übergibt dann bei einer Hochzeit symbolisch seine Tochter dem Bräutigam. Die Frauen nehmen dann die Namen der Männer an, genauso mögliche Kinder, und so weiter. Das sind alles Entscheidungen, die Frauen in den meisten Fällen frei mit treffen. Aber das macht diese Entscheidungen nicht feministisch. Diese Entscheidungen mögen für die Einzelne romantisch und selbstbestimmt sein, tragen aber zur Verfestigung patriarchaler Muster in unserer Gesellschaft bei.

Es ist wichtig, nicht nur Beziehungsmodelle, sondern auch sexuelle Praktiken zu hinterfragen. Dabei geht es nicht um die Individuen selbst, sondern um die Gründe, warum wir bestimmte sexuelle Praktiken möglicherweise gut finden. Es gibt sogenannte ›Sexuelle Skripte‹[43], also Vorstellungen in unseren Köpfen, was ›richtiger Sex‹ ist, wie Sex funktioniert und was sexuell anziehend ist. In einer patriarchalen Gesellschaft entwickeln sich patriarchale sexuelle Skripte heraus, wie zum Beispiel die Überbewertung des männlichen Orgasmus und die Unterbewertung des weiblichen Orgasmus. Auch die Vorstellung, dass Sex nur stattfindet, wenn Penetration erfolgt, gehört dazu. Aber eben auch, dass viele Frauen auf Dominanz von Männern stehen, die teilweise sogar bis zur Gewalt geht. Es fällt manchmal schwer, anzuerkennen, dass auch sexuelle Bedürfnisse in einer patriarchalen Gesellschaft entwickelt werden. Das gilt natürlich nochmal besonders bei Generationen, deren Sexualität sich mit Pornos entwickelt hat. In den Videos werden sexuelle Bedürfnisse meistens nicht einfach nur dargestellt, sondern nochmal intensiviert, um besonders anregend zu sein. Also: besonders intensiver patriarchaler Sex? Leider schon. Und das wirkt dann natürlich auf die Konsumierenden zurück. Es gibt zwar Pornos, die versuchen, von patriarchalen Skripten abzuweichen, aber sie werden in der Regel von Menschen angesehen, die schon feministisch sind – und alt genug, dass sie gesellschaftlich in der Kindheit und Jugend gewachsene Bedürfnisse jetzt nur noch schwer ausradieren können. Es ist fraglich, ob wir uns in einer patriarchalen Gesellschaft überhaupt von patriarchalen Mustern im Sex lösen können. Das betrifft vor allem heterosexuellen Sex, aber auch queere Menschen wurden in dieser

Gesellschaft sozialisiert. Anstatt einen feministischen Sex zu suchen, sollten wir vielleicht anerkennen, dass vor allem heterosexueller Sex und damit verbundene Bedürfnisse immer Ergebnis unserer patriarchalen Gesellschaft sind und dass wir aus diesem Problem als Individuen, ohne gesellschaftliche Veränderung, nicht rauskommen.

Ein weiteres Thema, das ich ansprechen möchte, ist Konsens. Einige denken, dass der Unterschied zwischen feministischem und nicht-feministischem Sex im Konsens liegt. Ich bin hier unsicher. Wenn wir Konsens als freie, unabhängige und bewusste Entscheidung verstehen, dann ist das in einer extrem ungleichen und patriarchalen Gesellschaft schwer umsetzbar. Das Konzept, auf das sich Feminist*innen aktuell wahrscheinlich einigen können, ist, dass zwei erwachsene Menschen einer Handlung, wie zum Beispiel Sex, zustimmen. Das ist aber weit von der idealen Vorstellung entfernt. Denn auch wenn formell zugestimmt wird, kann es Abhängigkeitsverhältnisse geben, wie zum Beispiel finanzielle Abhängigkeit, Altersunterschiede oder Machtungleichgewichte. In einer ökonomisch ungleichen und patriarchalen Gesellschaft können Menschen aus verschiedenen Gründen Sex zustimmen, auch wenn sie formal nein sagen können. Es ist nicht feministisch, wenn eine Person ihre Macht ausnutzt, um Sex zu bekommen. Das bedeutet aber nicht, dass wir Sex im Patriarchat abschaffen müssen oder dass wir Sex bei Machtungleichgewicht juristisch regeln sollten. Als Feminist*innen sollten wir uns trotzdem bewusst sein, was wir unterstützen und was wir kritisieren. Eine rein formale Entscheidung reicht nicht aus. Wenn ein 35-jähriger Jugendpastor gezielt jugendliche, streng erzogene Mädchen ohne Erfahrung anspricht und darauf hofft, dass eine von ihnen ihn heiraten will, wenn sie 18 ist, nutzt er seine Position und die Unerfahrenheit der Person aus. Wenn ein berühmter Musiker aus einer Band, wie sympathisch sie auch immer sein wollen, seine Berühmtheit ausnutzt, um mit gerade volljährig gewordenen Frauen zu schlafen, ohne sie als gleichwertigen Menschen zu behandeln, ist das zwar formaler Konsens, aber eben kein gleichberechtigter – und somit auch nicht feministisch. Diese Einordnung erleichtert es Betroffenen, zu verstehen, dass sie zwar zugestimmt haben, aber trotzdem ausbeutet wurden. Ein materialistischer Feminismus ist besser in der Lage, diese Einordnung vorzunehmen, da er nicht nur das Individuum oder die rechtliche Ebene betrachtet, sondern auch gesellschaftliche Verhältnisse in den Blick nimmt.

Yannic: Also können wir nicht über Sexismus und das ›geschlechtliche Sein‹ sprechen, ohne das gesellschaftliche Sein zu betrachten. Wie verhält sich das Konzept von ›Weiblichkeit‹, ›Patriarchat‹ und ›Feminismus‹ zu der Vorstellung, dass Frauen bestimmte Eigenschaften wie Empathie oder Einfühlungsvermögen besitzen? Gibt es überhaupt ein einheitliches Wesen der ›Frau‹? Sollten solche Eigenschaften im feministischen Kampf übernommen werden? Gibt es besondere Eigenschaften, die ›die Frau‹ von ›dem Mann‹ unterscheiden? Sollte unsere Gesellschaft möglicherweise ›weiblicher‹ werden, um Probleme wie Krieg, Atombomben und Rassismus zu bekämpfen?

Lea: Das Thema ist umstritten, aber ich halte es für falsch, dass es bestimmte Eigenschaften gibt, die ausschließlich ›männlich‹ oder ›weiblich‹ sind. In unserer Gesellschaft werden zwar Eigenschaften als ›männlich‹ oder ›weiblich‹ definiert, aber das liegt daran, dass Männer und Frauen diese Eigenschaften aufgrund ihrer Erziehung und Sozialisation häufiger entwickeln. Das trägt zur Stabilisierung des patriarchalen Systems bei, da diese stereotypen Eigenschaften den Rollen entsprechen, die Menschen aufgrund ihrer Genitalien in der Gesellschaft zugewiesen werden sollen. Viele Verhaltensweisen, die als ›männlich‹ gelten, sind aber toxisch. Zum Beispiel die Vorstellung, dass Männer dominant sein sollten, dass Gewalt als ›männlich‹ angesehen wird und dass Männer keine Gefühle oder Schwäche zeigen dürften. Das ist schädlich gegenüber Frauen, gegenüber sich selbst und gegenüber anderen Männern und Jungen, die (noch) nicht dem Klischee entsprechen. Einige Feminist*innen schließen daraus, dass ›weibliche‹ Eigenschaften die Lösung für dieses Problem sind und dass Frauen sich nicht von den stereotypisch ›weiblichen‹ Eigenschaften lösen sollen. Gleichzeitig werden dann Phänomene wie Krieg und Gewalt wieder auf Männlichkeit zurückgeführt, was dazu führt, dass Krieg auf ein männliches Ego reduziert wird und politische oder wirtschaftliche Interessen außer Acht gelassen werden. Aus dieser Sichtweise würde dann folgen, dass Krieg und Gewalt durch ›weibliche‹ Führung bekämpft werden sollten, die nicht dominant, sondern ›mütterlich‹ ist. Ich finde das befremdlich. Nicht nur weil es nicht materialistisch ist und Kriege individualisiert. Es werden dadurch auch Stereotype verfestigt und naturalisiert. Es ist nicht so, dass als ›weiblich‹ empfundene Eigenschaften nicht toxisch sein können. Sie sind genauso das Ergebnis einer patriarchalen Gesellschaft. Das Zurückstellen eigener Bedürfnisse, das Aufopfern für andere, indirekte Kommunikation und das Bild der beschützenden und alles regelnden Mutter können toxisch sein, sowohl für sich selbst als auch für andere Mütter, die dem Druck ausgesetzt sind, den Anforderungen der ›liebenden und selbstlosen Mutter‹ gerecht werden zu müssen. Noch schlimmer ist es, wenn diese Eigenschaften dann allen Frauen *per se* zugeschrieben werden. Das geschieht etwa, wenn (biologische) Mutterschaft und Mutterliebe als etwas beinahe Heiliges hochstilisiert werden. Dadurch werden Klischees naturalisiert, die eigentlich Teil der Unterdrückung von weiblich gelesenen Personen als (vermeintlich oder tatsächlich) gebärfähige Menschen sind.

Ich denke deshalb, dass wir das Patriarchat nicht bekämpfen können, ohne auch die geschlechtsspezifischen Rollen und Stereotype anzugehen. Das sollten wir eben nicht nur bei toxischer Männlichkeit tun, sondern auch bei patriarchalen Vorstellungen von Weiblichkeit. Es ist meiner Meinung nach sinnvoller, darüber nachzudenken, welche Verhaltensweisen und Eigenschaften uns vom Patriarchat aufgezwungen werden und welche uns bei der Befreiung aus einer patriarchalen und unterdrückenden Gesellschaft helfen können. Wir sollten Verhaltensweisen fördern, die gesund für uns selbst, unsere Beziehungen und unsere Gesellschaft sind, und diese Eigenschaften von der binären Einteilung in ›weiblich‹ und ›männlich‹ lösen. Ich halte das nicht nur theoretisch für richtig, weil Stereotype etwas Gesellschaftliches sind und patriarchale Verhältnisse stützen. Ich glaube auch, dass uns das als Individuen und Gesellschaft am meisten bringt.

Yannic: Die Idee, dass das Geschlecht gesellschaftlich geprägt ist und von Arbeits- und Eigentumsverhältnissen beeinflusst wird, steht im Widerspruch zum ›Radikalfeminismus‹. Radikalfeministische Kreise kritisieren politische Bewegungen, die das Geschlecht in der Praxis hinterfragen, und möchten beispielsweise Transgeschlechtlichkeit oder Nichtbinarität nicht akzeptieren. Dabei wird oft eine ›materialistische‹ Weltanschauung herangezogen und manchmal sogar auf den Marxismus verwiesen. Der Marxismus wird als materialistische Wissenschaft von der Wirklichkeit genutzt, um Kritik am Thema ›gender‹ zu üben und beispielsweise Transgeschlechtlichkeit auszuschließen. Der Bezug auf marxistische Ideen ist nicht zufällig, schließlich hat der Radikalfeminismus Wurzeln im Marxismus. Allerdings ist diese Interpretation eine Verfälschung marxistischer Ideen, die den Marxismus gerade von anderen materialistischen Ansätzen unterscheidet. Es ist wichtig zu verstehen, wie Geschlecht im Allgemeinen und Transgeschlechtlichkeit im Speziellen aus marxistischer Sicht betrachtet werden können und was den dialektischen[44] und historischen Materialismus von früheren materialistischen Ansätzen unterscheidet. Gibt es im Marxismus eine ›Essenz‹ des Geschlechts?

Lea: Ich denke, ein Missverständnis besteht darin, dass der Materialismus bei Marx oft falsch verstanden wird. Im radikalfeministischen Verständnis bezieht sich Materialismus auf das Stoffliche, Materialismus wird wörtlich genommen. Der Bezug sind dann in dem Fall die körperlichen Prozesse, die gesellschaftlich zu einem ›biologischen Geschlecht‹ vereinheitlicht werden – zum Beispiel unsere Chromosomen und Hormone. Die Annahme ist, dass unser biologisches Sein unser Bewusstsein vollständig bestimmt. ›Weiblichkeit‹ und ›Männlichkeit‹ sind nach dieser Logik biologisch vorbestimmt und kaum veränderbar. Mit dieser Auffassung ergibt es Sinn, dass Radikalfeminist*innen einen grundlegenden Widerspruch zwischen ›biologischen Männern‹ und ›biologischen Frauen‹ sehen. Diese Sichtweise lässt wenig Raum für Entwicklung und Flexibilität.

Das Gegenteil macht den marxistischen Materialismus-Begriff aus. Hier bezieht sich das Materielle nicht auf das Stoffliche, sondern auf das *gesellschaftliche Sein*, also die ökonomischen und sozialen Verhältnisse, in denen Menschen leben. Es handelt sich um einen ›dialektischen Materialismus‹, weil unsere gesellschaftliche Materialität von Widersprüchen geprägt ist und sich entwickelt: Natürlich spielen biologische Faktoren eine Rolle, die wir nicht leugnen können. Gleichzeitig sind diese biologischen Faktoren aber auf widersprüchliche Weise mit der Gesellschaft verbunden. Eine Vorstellung von einem biologisch definierten Geschlecht steht im Widerspruch zur gesellschaftlich definierten Geschlechtsidentität. Aber es sind genau diese Widersprüche, in denen sich Menschen und Geschlechtsidentitäten entwickeln. Abgesehen von rein biologischen Funktionen ist es schwierig zu bestimmen, welche Verhaltensweisen erlernt sind und welche in unseren Chromosomen vorbestimmt sind. Diese Gleichzeitigkeit von biologischem und gesellschaftlichem Geschlecht ermöglicht Uneindeutigkeiten und Flexibilität.

Der marxistische Materialismus ist darüber hinaus ein ›historischer Materialismus‹, weil gesellschaftliche Verhältnisse immer eine Geschichte haben und sich im Laufe dieser Geschichte verändern. Geschlechterbilder sind geschichtlich gewachsen und wurden in gesellschaftlichen Kämpfen geprägt. Die Vorstellungen von Zweigeschlechtlichkeit und ›Weiblichkeit‹ gehen auf solche Kämpfe und patriarchale Siegeszüge zurück, wie zum Beispiel die gewaltsame Durchsetzung von Zweigeschlechtlichkeit, Heterosexualität und viktorianischen Frauenrollen im Kolonialismus.[45] Die Tatsache, dass das Geschlechterverhältnis geschichtlich entstanden ist und nicht rein biologisch vorbestimmt ist, gibt uns eine enorme Handlungsmacht: Wenn etwas veränderbar ist, lohnt es sich zu kämpfen. Der marxistische Materialismus ermöglicht es uns, über gesellschaftliche Kategorien zu streiten und sie zu überschreiten.

Yannic: In der Geschichte und im Vergleich verschiedener Kulturen sehen wir ja auch, dass die Vorstellungen von Geschlecht und unserer geschlechtlichen Identität variieren. Die marxistische These besagt, dass diese Variationen eng damit zusammenhängen, wie Gesellschaften produzieren und sich reproduzieren. Eine Klassengesellschaft, die die Arbeitskraft immer wiederherstellen muss, hat wahrscheinlich andere Anforderungen an eine heteronormative Gesellschaft als klassenlose Gesellschaften. In Klassengesellschaften hängt das Überleben der ausbeutenden Klasse davon ab, dass die ausgebeutete Klasse auch morgen und im kommenden Jahr wieder zahlreich und fit zur Arbeit erscheint. Die Klassenausbeutung hängt also eng mit der Regeneration und Fortpflanzung der Arbeiter*innen zusammen. Aber natürlich lässt es sich nicht darauf reduzieren.

Verschiedene Gesellschaften existieren zu verschiedenen Zeiten in komplexen Zusammenhängen und bilden somit ein vielschichtiges Geflecht von gesellschaftlichen Teilbereichen. Marxistische Denker*innen nutzen dafür den Begriff der ›Gesellschaftsformationen‹: Die Produktionsweise steht im Wechselverhältnis mit einer bestimmten Form von beispielsweise Kultur, Politik, Recht und Zivilgesellschaft. Eine umfassende Analyse unseres Zusammenlebens, das von einer bestimmten Form von Geschlechtlichkeit geprägt ist, kann nicht bei der Aussage ›Frauen und Männer sind eben unterschiedlich‹ stehen bleiben. Stattdessen sollte das nur der Ausgangspunkt für weitere Fragen sein, um zu verstehen, warum wir so geworden sind, wie wir sind. Darüber hinaus ermöglicht es uns, auch zu etwas anderem zu werden, als wir heute sind. So können wir verstehen, was Geschlecht tatsächlich *ist*, und zwar auf eine Art und Weise, die nicht einfach eine bestimmte Form von Geschlechtlichkeit zu einer bestimmten Zeit akzeptiert und als absolut setzt.

Jetzt haben wir den Blick schon erweitert und den Kapitalismus teilweise einbezogen. Würdest du sagen, dass das Patriarchat etwas Kapitalistisches ist?

Lea: Obwohl es einige Schnittpunkte zwischen Patriarchat und Kapitalismus gibt, denke ich nicht, dass Patriarchat und Kapitalismus zwingend miteinander verbunden sein müssen. Das Patriarchat hat sich historisch gesehen in vielen Gesellschaften bereits lange vor dem Kapitalismus durchgesetzt, oft schon mit der Sesshaftwerdung der Menschen. Das Patriarchat ist also eine Form der Herrschaft, die den Kapitalismus nicht *braucht*. Gleichzeitig kann auch der Kapitalismus grundsätzlich ohne Patriarchat bestehen. Sicherlich hat sich das kapitalistische System das Patriarchat einverleibt und zu Nutze gemacht. Ein Beispiel dafür ist die unbezahlte Haus- und Care-Arbeit, die hauptsächlich von Frauen für ihre Familien geleistet wird. Der Kapitalismus profitiert davon, dass die Arbeitenden gut versorgt und ausgeruht zur Arbeit kommen und dass gesunde Kinder heranwachsen, die zu neuen Arbeiter*innen werden.

Auch die Gebärfähigkeit wird ausgebeutet: Indem Frauen strukturell die Selbstbestimmung über ihren Körper genommen wird, kann der Bedarf der kapitalistischen Industrie an Arbeitskräften gedeckt werden. Der Kapitalismus nutzt das Patriarchat, aber er *ist nicht darauf angewiesen.*

Zumindest theoretisch können wir uns vorstellen, dass der Kapitalismus bei gesicherter Reproduktion der Arbeiter*innen auch ohne das Patriarchat bestehen könnte. Insbesondere in Ländern mit stark begrenzter Arbeitszeit kann die Emanzipation von Frauen sogar dem Kapitalismus helfen, da sie dann gleichberechtigt in die Lohnarbeit integriert sind. Das Patriarchat wird zwar sicher nicht innerhalb des Kapitalismus abgeschafft, weil der Kapitalismus immer noch stark von der unbezahlten Arbeit von Frauen und ihrer Fähigkeit, neue Arbeiter*innen zu gebären, profitiert. Dennoch wäre es falsch, aus diesen geschichtlich gewachsenen Verhältnissen abzuleiten, dass es eine zwingende Verbindung zwischen Kapitalismus und Patriarchat geben muss. Das mag erst einmal befremdlich klingen, weil es auch eine politische Strategie ist, die Verbindung von Patriarchat und Kapitalismus aufzuzeigen, um Kämpfe zu verbinden. Dementsprechend brauchen wir eine veränderte Strategie.

Yannic: Ich würde genau wie du sagen, dass der Kapitalismus stark vom Patriarchat profitieren kann, aber es möglich ist, dass ein Kapitalismus ohne patriarchale Strukturen entsteht. Im 20. Jahrhundert wurde der Sozialstaat durch die Kämpfe der Arbeiter*innenklasse so weit ausgebaut, dass die Sicherung der Arbeitskraft, etwa bei Krankheit oder Arbeitslosigkeit, außerhalb der familiären Strukturen möglich wurde. Dadurch wurde der Anreiz, patriarchale Strukturen aufrechtzuerhalten, verringert. Allerdings besteht immer die Möglichkeit, dass patriarchale Muster, Macht- und Ausbeutungsverhältnisse wieder auftauchen, wenn es für die kapitalistische Gesellschaft notwendig wird. Es ist, wie die Ökofeministin Maria Mies sagt, »Schönwetter-Feminismus«[46]. Wenn der Sozialstaat abgebaut wird, wie es derzeit in Deutschland der Fall ist, können erreichte Standards in der gesellschaftlichen Reproduktion von Arbeitskraft zerstört werden und somit geraten auch Erfolge der feministischen Bewegung in Gefahr. In solchen Situationen kann der Kapitalismus die ganze Palette des Patriarchats wieder ›aus der Schublade‹ holen, um sein eigenes Überleben zu sichern. Bedeutet das, dass eine Abschaffung des Patriarchats innerhalb des Kapitalismus unmöglich ist? Diese Frage sollte vor allem im Kontext des Sozialismus gestellt werden. Aber bleiben wir noch kurz beim Kapitalismus: Ist der Kapitalismus auf irgendeine Weise besonders darin, dass das Patriarchat schwerer abzuschaffen ist? Kann das Patriarchat überhaupt in einer Welt aufgehoben werden, in der es einmal entstanden ist? Sobald eine Gesellschaft unter Druck gerät und die Wiederbelebung des Patriarchats sinnvoll erscheint, wird es als uralte gesellschaftliche Praxis wiederbelebt. Deswegen lässt sich das Patriarchat innerhalb des Kapitalismus auch nicht endgültig überwinden. Allerdings benötigt der Kapitalismus das Patriarchat auch nicht zwingend zum Überleben. Es kann in dieser Wirtschaftsform, wenn die Akkumulation gesichert ist, zumindest zeitweise überwunden werden. Oder denkst du, dass das Patriarchat abgeschafft werden kann?

Lea: Eigentlich spekuliere ich ohne ein Glas Wein in der Hand eher ungern, aber da du mich dazu zwingst, muss ich mich wohl auf unsicheren Boden begeben. Das Patriarchat kann möglicherweise in einer Welt abgeschafft werden, in der es entstanden ist. Allerdings sind dafür bestimmte Voraussetzungen erforderlich, bei denen ich nicht weiß, ob sie in unserer Welt gegeben sein können. Einerseits denke ich, dass es, um so eine Herrschaftsform gänzlich abzuschaffen, eine sehr weit *entwickelte* Gesellschaft braucht. Damit meine ich eine stabile Lebensgrundlage, ohne Kriege und größere Krisen sowie mit einer längeren Lebensspanne. Dadurch könnte es sehr unwahrscheinlich gemacht werden, dass Frauen wieder in die Rolle einer quasi-Gebärmaschine gedrängt werden, um die Reproduktion der Gesellschaft zu sichern. Im letzten Jahrhundert konnten wir beobachten, dass die Emanzipation von Frauen und queeren Menschen in Zeiten relativer Sicherheit innerhalb der imperialistischen Zentren insgesamt voranschritt, wenn auch mit Rückschlägen und Bedrohungslagen.

Solange das Patriarchat jedoch weiterhin besteht, können diese Fortschritte schnell wieder rückgängig gemacht werden, sobald die Voraussetzungen nicht mehr gegeben sind. Das zeigt sich insbesondere in Zeiten aufeinanderfolgender Krisen, die mit einem starken Backlash gegen sämtliche progressive Bewegungen einhergehen. Obwohl das nicht immer direkt kausal zusammenhängt, erleben viele imperialistische Staaten dieses Phänomen: Wenn es bergab geht, werden die Rechte von Frauen und queeren Menschen schnell eingeschränkt. Der Kapitalismus ist deswegen nicht das System, in dem das Patriarchat effektiv und dauerhaft abgeschafft werden kann.

Der globale Kapitalismus hat in den imperialistischen Staaten zwar Konsum und Arbeitsrechte ermöglicht und dadurch das Leben vieler Menschen verbessert, aber nicht durch Umverteilung, sondern durch Ausbeutung von Menschen in den globalen Peripherien, die von diesen Verbesserungen nicht profitiert haben. Auf globaler Ebene schafft der Kapitalismus deshalb keine Voraussetzungen für langfristige Verbesserungen für Frauen und queere Menschen. Hinzu kommt, dass der Kapitalismus anfällig für Krisen ist und das imperialistische System immer wieder zu Kriegen führt. Diese Faktoren können zu einer Rücknahme sämtlicher Fortschritte führen.

Um das Patriarchat wirklich abzuschaffen, brauchen wir eine gesellschaftliche Grundlage, die nicht auf Krieg, Ausbeutung und Ungleichheit basiert. Genauso wie ich gesagt habe, dass der Kapitalismus *theoretisch* ohne Patriarchat kann, denke ich, dass eine *tatsächliche* globale Aufhebung des Patriarchats in einer kapitalistischen Welt unmöglich ist. Trotzdem sollten wir jeden Schritt gehen, den wir jetzt gehen können. Nicht nur, weil eine sozialistische Gesellschaft auch Vorarbeit gebrauchen kann, sondern auch, weil *jetzt* Menschen unter diesem System leiden und ihre Situation zählt. Es ist also keine Option, das auf morgen zu verschieben, nur weil die Voraussetzungen nicht perfekt sind.

Yannic: Wir sprechen immer gerne von ›dem Patriarchat‹, als wäre es ein ›Add-on‹ der Gesellschaft, ein Ding, das sich im richtigen Moment in die Mottenkiste legen lässt und dann gibt es eine Gesellschaft ohne Patriarchat. Wir wissen aber alle, dass das Patriarchat in unseren sozialen Beziehungen und Strukturen verwurzelt ist und durch unser gesellschaftliches und individuelles Handeln aufrechterhalten wird. Es manifestiert sich in unseren Arbeitsprodukten, Infrastrukturen und Institutionen, aber das ließe sich abschaffen, wenn es nicht mehr in den zwischenmenschlichen Beziehungen stabilisiert wird. Die gesellschaftlichen Beziehungen von morgen werden sich aber aus den heutigen Beziehungen entwickeln und können sich niemals vollständig von ihnen lösen. Daher stellt sich die Frage, ob das Patriarchat jemals endgültig abgeschafft werden kann oder ob wir uns stattdessen einem ständigen Kampf gegen den Einfluss patriarchaler Denkmuster in unseren Beziehungen stellen müssen.

Vielleicht ist es sinnvoll, zu diskutieren, ob der Sozialismus bessere Voraussetzungen bietet, um das patriarchale System zu überwinden. Eine Anekdote, die mir dazu einfällt, ist die Vergabe von Auszeichnungen an Frauen in der UdSSR nach dem Zweiten Weltkrieg: In einer Gesellschaft, in der viele Menschen im Krieg gestorben waren, wurden Frauen geehrt, die viele Kinder bekommen hatten. Das geschah in einem nicht-kapitalistischen System, in dem die Bevölkerungszahlen drastisch sanken und Frauen wieder in die Rolle der Gebärenden gedrängt wurden. Unabhängig von der Bewertung des politischen Systems der Sowjetunion will ich damit zeigen, dass bestimmte gesellschaftliche Bedingungen das Patriarchat reaktivieren können, selbst wenn die kapitalistische Logik des »Mehrwert heckenden Wertes«[47], also die Profitlogik überwunden wurde. Die einzige wirkliche Lösung zur Überwindung des Patriarchats ist eine Gesellschaft im Überfluss, wie der Kommunismus sie verspricht. Erst dann wird es möglich sein, das Patriarchat wirklich zu überwinden. Im Sozialismus[48] hingegen ist dies zumindest in den ersten Jahren nicht der Fall. Daher bleibt es auch innerhalb eines sozialistischen Systems eine dauerhafte feministische Aufgabe, die gleich zeitig keine Gefahr für das System darstellen darf, da der Sozialismus das einzige System ist, das die Grundlage für die Überwindung des Patriarchats schaffen kann.

Lea: Ein nicht-kapitalistisches System bietet großes Potenzial, um die Ausbeutung der Gebärfähigkeit zu beenden. Im Gegensatz zur kapitalistischen Wirtschaftsform, die ständig nach Mehrwert und Profit strebt, haben sozialistische oder kommunistische Systeme nicht den Drang, aus Eigenlogik heraus immer mehr Mehrwert und damit Profit abzuzwacken. Wenn diese Logik der Ausdehnung der kapitalistischen Wirtschaftsform wegfällt, besteht auch kein Zwang mehr, immer mehr Arbeitende für die Ausbeutung zu produzieren. Im Idealfall sorgt sich der Sozialismus um die Bedürfnisse der Menschen, unabhängig von der Bevölkerungszahl, und ermöglicht es Frauen, die Reproduktion nach ihren eigenen Bedürfnissen zu gestalten. Daher glaube ich, dass Sozialismus und Kommunismus der richtige Weg sind, um das Patriarchat zu überwinden.

Was den *Real*sozialismus der Sowjetunion betrifft, gibt es aus meiner Sicht zwei entscheidende Faktoren, die dazu geführt haben, dass dieser Sozialismus nicht wirklich feministisch war. Zum einen existierte die Sowjetunion nicht isoliert, sondern in einem globalen (kapitalistischen) Staatensystem. Das bedeutet, dass beispielsweise die Politik des Sowjetsozialismus nicht nur auf die Bedürfnisse der Bevölkerung zugeschnitten werden konnte, sondern auch den Anforderungen einer feindlichen Umgebung und des globalen Wettbewerbs gerecht werden musste. Der Zweite Weltkrieg und der Kalte Krieg waren entscheidende Faktoren, die dazu führten, dass die Sowjetunion ein Interesse an einer großen und wachsenden Bevölkerung hatte, um konkurrenzfähig zu bleiben. Dieser Faktor ist keine Schwäche des sozialistischen Prinzips, sondern eine Begleiterscheinung jedes Realsozialismus *in* einer kapitalistischen Welt ist. Es ist wichtig, die Sowjetunion in ihrem Kontext zu betrachten und realistisch zu bleiben.

Es fehlte aber auch ein feministisches Bewusstsein. Einerseits spielten feministische Bewegungen eine zentrale Rolle in der Revolution, was sich direkt in den Gesetzen und Zielen des neuen Systems widerspiegelte: Frauen und Männer wurden gleichgestellt, Homosexualität wurde entkriminalisiert, nichteheliche Lebensgemeinschaften wurden anerkannt, Schwangerschaftsabbrüche wurden legalisiert und kostenlos zugänglich gemacht, Hausarbeit wurde vergesellschaftet und Frauen wurden in das Arbeitsleben integriert.[49] Andererseits wurden viele dieser Rechte später wieder eingeschränkt oder zurückgenommen, insbesondere die Entkriminalisierung von Homosexualität sowie die Legalisierung von Schwangerschaftsabbrüchen. Externe Faktoren mögen dabei eine Rolle gespielt haben, aber auch die patriarchale Gesellschaft und die schwache und wenig etablierte feministische Bewegung zur Zeit der Revolution trugen dazu bei. Dass auch im Realsozialismus noch Gründe existieren können, die zu Frauenunterdrückung führen, bedeutet also nicht, dass wir das akzeptieren sollten. Es bedeutet vielmehr, dass eine starke feministische Bewegung und feministische Ziele *grundlegend* für eine sozialistische Gesellschaft und Bewegung sein müssen. Wir müssen bereits jetzt dafür sorgen, das Patriarchat zurückzudrängen, anstatt es auf die Zukunft zu verschieben.

Ich stimme dir also zu: Wir dürfen nicht den Fehler machen, zu denken, dass sich das Patriarchat mit der Überwindung des Kapitalismus von selbst erledigt. Feministische Kämpfe müssen einen eigenen Platz in und neben den Klassenkämpfen haben. Die Befreiung der Menschheit ist untrennbar mit der Befreiung von Frauen und queeren Menschen verbunden.

Individualismus meets Klassenkampf

Yannic: Wenn es einen Begriff gibt, der dem Marxismus vermeintlich den letzten Todesstoß gegeben hat, dann ist das wohl ›Individualität‹. Menschen, nicht Systeme, Individuen, nicht Klassen, und Identitäten, nicht Klassenbewusstsein sind die Richtschnur sogenannter ›postmoderner Gesellschaften‹. Die Auseinandersetzung mit Individualität und Identität ist daher unumgänglich, wenn man die Welt mit Marx verstehen will. Sie ist aber auch seit Mitte des 20. Jahrhunderts in den Fokus gerückt, sowohl im Rahmen ideologiekritischer Ansätze als auch tiefergehend in marxistischen Ansätzen, wie sie beispielsweise von den *Sozialistischen Studiengruppen* vertreten wurden.

Um zu verstehen, was Identitäten und Individualität sind, warum sie heute so wichtig sind und warum sie in einer Krise stecken, lohnt es sich, einen Blick in die Vergangenheit zu werfen. Außerdem ist es wichtig, die heutige gesellschaftliche Grundlage und die Möglichkeiten für die Zukunft zu analysieren.

Einige Menschen betrachten die Vergangenheit als einen Bezugspunkt, um eine Zeit zu beschreiben, in der Menschen noch nicht von den Zwängen des modernen Kapitalismus eingeschränkt waren. Es geht um mythische Individuen vor dem Kapitalismus, die ein Leben führten, das weniger vom »stählernen Gehäuse der Hörigkeit« (Weber) und der »instrumentellen Vernunft« (Horkheimer) geprägt war. Doch diesen Menschen hat es nie gegeben. Der Mensch, wie er in sein Menschsein eintritt und die meiste Zeit des Menschseins verbringt, ist in erster Linie Teil eines Gemeinwesens. Das bedeutet einerseits, dass er durch Traditionen und soziale Beziehungen in seiner Individualität eingeschränkt ist – als Sohn oder Tochter, als Mitglied einer religiösen oder ständischen Gruppe. Andererseits bedeutet das auch, dass die Zugehörigkeit zu einem Gemeinwesen die Voraussetzung für Produktion und Reproduktion bildet:

Als Mitglied eines Stammes bewirtschaftet man gemeinschaftlichen Besitz, als leibeigene Bäuerin bearbeitet man das Land, an das man seit der Geburt durch Herrschaftsverhältnisse und direkten Zwang gebunden ist. Von Anfang an besteht also eine Einheit zwischen dem Individuum und seinem Gemeinwesen, der den Großteil der menschlichen Geschichte begleitet. Es gibt kein nicht-gesellschaftliches Individuum vor der Unterdrückung durch die Zwänge des Kapitalismus, zu dem wir zurückkehren könnten.

Lea: Richtig: Menschen sind immer in ein soziales Umfeld eingebunden, es gibt keine nicht-gesellschaftlichen Individuen. Trotzdem kann der Einfluss dieses sozialen Umfelds auf die einzelnen Menschen unterschiedlich stark sein. In feudalen Gesellschaften zum Beispiel, in denen Besitz und Beruf vererbt wurden, gab es enge Grenzen, innerhalb derer sich Menschen entfalten konnten. Fertigkeiten und Wissen über einen Beruf wurden innerhalb der Familie weitergegeben, nicht in allgemeinen Bildungseinrichtungen. Dadurch bestand ein gesamtgesellschaftliches Interesse daran, Menschen wenige Optionen zum Ausbruch aus vorgefertigten Rollen zu ermöglichen. Denn die vererbte Arbeitsteilung war grundlegend für die Produktion, dem wesentlichen Element für das Funktionieren der Gesellschaft. Einerseits sind Menschen also auf andere Menschen angewiesen und so immer gesellschaftlich eingebunden. Andererseits kann das Interesse der Gesellschaft daran, wie sehr der einzelne Mensch von ihr eingeschränkt wird, variieren.

Yannic: Nach Marx haben einige Menschen betont, wie sich das gesellschaftliche Miteinander auf der Grundlage einer kapitalistischen Produktionsweise von früheren Gesellschaften unterscheidet.[50] Es ist sinnvoll, mit der Produktion zu beginnen: In vorkapitalistischen Gesellschaften war die Produktion eng mit anderen gesellschaftlichen Verhältnissen verbunden. Es ist schwierig, von ›der Produktion‹, ›der Arbeit‹ oder ›dem Eigentum‹ als eigenständige Bereiche der Gesellschaft zu sprechen. Im Feudalismus waren die Bäuer*innen beispielsweise durch ein direktes Macht- und Herrschaftsverhältnis an ihr Land und ihre Herren gebunden. Außerdem waren sie verstrickt in wichtige Verwandtschaftsbeziehungen, die direkt mit der Produktion verbunden und davon nicht zu trennen waren. Die Produktion von Lebensmitteln war ein integraler Bestandteil des Zusammenlebens von Familien.

Eine Trennung von ›Basis‹ und ›Überbau‹,[51] also von der (Re-)Produktion des Lebens und anderen gesellschaftlichen Bereichen, wie Politik, Zivilgesellschaft und Familie, entsteht erst auf der Grundlage der kapitalistischen Wirtschaftsform. Die Produktion wird hier aus dem Lebensalltag herausgelöst und erhält einen eigenen räumlichen und zeitlichen Bereich. Vor allem ist sie weitgehend unabhängig von direkten Zwangsverhältnissen: Menschen arbeiten in der Regel nicht aus Angst vor Freiheitsentzug, sondern weil sie ihre Arbeitskraft für Lohn verkaufen müssen, um sich versorgen zu können. Natürlich gibt es im Kapitalismus immer noch Druck auf Menschen und die Hartz IV-Reformen waren ein glänzendes Beispiel dafür, wie in Krisenzeiten auf politische Mittel zurückgegriffen wird, um die kapitalistische Wirtschaftsform zu stärken. Im Vergleich zu früheren Gesellschaften spielen diese Zwangsmittel aber eine untergeordnete Rolle und werden nur eingesetzt, wenn andere Mittel, wie der ökonomische Zwang, versagen.

Im Kapitalismus hängt unsere Möglichkeit zu arbeiten grundsätzlich nicht mehr davon ab, zu welcher Familie wir gehören oder wer unsere Eltern sind. Natürlich beeinflusst die soziale Herkunft immer noch stark die Lebensperspektiven der Menschen, aber sie werden nicht mehr durch Traditionen oder das Recht von bestimmten Sphären ausgeschlossen. Wenn es ihnen tatsächlich gelingt, entgegen ihrer sozialen Herkunft eine gute Bildung zu erhalten und ›aufzusteigen‹, gibt es keine offiziellen Grenzen für sie.

Durch die Trennung der Produktion von anderen zwischenmenschlichen Beziehungen werden die Menschen in ihrem Arbeitsleben von einzelnen Abhängigkeitsverhältnissen befreit. Diese Abhängigkeitsverhältnisse bestehen aber weiterhin und haben nach wie vor einen wesentlichen Einfluss. Gleichzeitig findet im Überbau der Kampf gegen diese Abhängigkeitsverhältnisse statt und kann einzelne Schlachten gewinnen. Antirassistische, feministische, queere und antiableistische Kämpfe stellen immer wieder gewachsene Diskriminierungsverhältnisse in Frage. Offiziell sind arbeitende Menschen im ökonomischen Bereich von diesen Diskriminierungsverhältnissen losgelöst: Menschen dürfen nicht aufgrund ihrer Herkunft oder ihres Geschlechts aus bestimmten Arbeitsbereichen ausgeschlossen werden. Die Möglichkeit zum freien Ver- und Ankauf von Arbeitskraft wird beispielsweise in Deutschland durch das ›Allgemeine Gleichstellungsgesetz‹ rechtlich gestützt. Diese offiziell-rechtliche Ebene steht aber im Widerspruch zur Tendenz, solche Diskriminierungsverhältnisse trotzdem zum Beispiel für Lohndumping zu nutzen.

Im Kapitalismus gibt es also widersprüchliche Entwicklungen: Einerseits werden arbeitende Menschen aus ihren sozialen Beziehungen herausgelöst und bleiben als vereinzelte, vertragsabschließende Individuen zurück, die für ihren Erfolg im Arbeitsleben selbst verantwortlich sind. Ein sexistischer oder rassistischer Ausschluss von Menschen aus wirtschaftlichen Bereichen wird zurückgedrängt und eine stärker gleichberechtigte Teilhabe an der (Re-)Produktion wird möglich. Andererseits ist der wirtschaftliche Bereich, der sich erst im Kapitalismus als eigenständige Sphäre herausbildet, weiterhin eng mit den sozialen Verhältnissen verbunden und verhindert, dass wir Diskriminierung überwinden können. Denn Diskriminierungen werden weiterhin als Instrumente für eine verstärkte Ausbeutung genutzt und gesellschaftlich aufrechterhalten.

Lea: Im Kapitalismus sind Diskriminierungsverhältnisse ja gerade nicht länger *notwendig* für die Produktion, auch wenn sie noch immer tief in unsere Gesellschaft eingeschrieben sind – kulturell, politisch, institutionell. Was dagegen für die Produktion notwendig ist, ist Ausbeutung. Bestehende Diskriminierungsverhältnisse sind zwar nützlich, um eine größere Ausbeutung zu ermöglichen und die ausgebeutete Klasse zu spalten, aber sie sind trotzdem nicht unbedingt erforderlich. Das bedeutet, dass im Kapitalismus Diskriminierungsverhältnisse – zumindest langfristig und tendenziell – abgebaut werden könnten.

Obwohl Diskriminierungsverhältnisse heute noch immer tief in der Gesellschaft verankert sind, können wir einen gewissen Wandel im Vergleich zu früheren Zeiten beobachten. Gleichzeitig sehen wir aber global, dass Ausbeutung stark mit Diskriminierung überlappt: Strukturell betrachtet sind reiche Menschen überwiegend *weiß* und männlich. Arm dagegen sind strukturell betrachtet BIPoC Personen – also Menschen, die auch rassistisch diskriminiert werden – und darunter wiederum besonders häufig Frauen. Obwohl es eine Tendenz gibt, sind die Strukturen von Ausbeutung so eng mit Diskriminierung verbunden, dass wir – zumindest global – noch lange nicht von einer Aufhebung von Diskriminierung sprechen können. Solange Diskriminierungsstrukturen kapitalistisch nutzbar sind, besteht zumindest kein kapitalistischer Anreiz dazu, sie abzubauen.

Yannic: Das liegt auch daran, dass Menschen in vielen Lebensbereichen und -phasen unabhängiger von ihren Beziehungen zu anderen Menschen als zuvor überleben können. Wenn ich mich mit meiner Familie verwerfe, bedeutet das nicht, dass ich keinen Zugang mehr zu Lebensmitteln habe. Stattdessen ist die Beziehung zu unseren Vorgesetzten durch einen Vertrag geregelt, den wir kündigen können, um nach einer neuen Arbeit beziehungsweise neuen Angestellten zu suchen. Diese Trennung von Arbeit und Nicht-Arbeit ermöglicht Individualisierung: Wenn mein Job nicht mehr von meinem Verhältnis zu meiner Familie oder meiner Gemeinschaft abhängt, kann ich meine Individualität frei gestalten, ohne Rücksicht darauf, ob mein Umfeld mich akzeptiert.

Den Kapitalismus zu kritisieren, bedeutet oft eine umfassende Kritik aller Facetten – das umfasst auch Kritik des Alltags. Aber die kapitalistische Wirtschaftsform bietet neben der Institutionalisierung auch eine wichtige materielle Grundlage, um als Individuum in der Gesellschaft aufzutreten und sich von Zwängen zu befreien – auch wenn die Priorität des Profits dazu führt, dass solche Zwänge immer wieder neu belebt und genutzt werden. Welche Möglichkeiten zur Individualisierung siehst du im Kapitalismus angelegt?

Lea: Es ist ja so, dass mit der Entwicklung ›westlich‹-kapitalistischer Gesellschaften vorbürgerliche Strukturen überwunden wurden und Individuen sich nun von diesen Strukturen lösen konnten. Rituelle Vorschriften oder Standesordnungen, die das Leben von Individuen oder ihren Konsum beschränken, gibt es *grundsätzlich* nicht mehr. Das ermöglicht eine breite Individualisierung. Die ›einzige‹ Begrenzung für die Entfaltung der Individuen im Kapitalismus sind die materiellen Verhältnisse. Die ökonomische Lage bestimmt, wie sehr sich ein Mensch entfalten und am gesellschaftlichen Wohlstand teilhaben kann. Zum Beispiel, ob er sich ein Kunststudium leisten kann, auf das Risiko hin, dass er damit vielleicht keinen Job findet, ob sie sich eine Operation zur Angleichung ihres Geschlechts leisten kann, bis hin zu den Fragen, ob ich mir die Klamotten leisten kann, in denen ich mich wohl fühle oder ob ich die gesamten Marx-Engels-Werke kaufen kann, um zu zeigen, dass ich eine ›richtige Marxistin‹ bin. Deswegen basiert ein großer Teil der Verwirklichung von Identitäten im Kapitalismus auf Konsum. Geld ermöglicht den Zugang zu freier Teilnahme am Reichtum der Gesellschaft nach den eigenen Wünschen und Bedürfnissen.

Dazu kommt, dass die Möglichkeit zum Konsum gesamtgesellschaftlich ausgeweitet wird, wenn die Produktivkräfte fortschreiten. Durch bessere Technologien und effizientere Arbeitsorganisation kann in der gleichen Arbeitszeit mehr produziert werden. Wenn mehr günstige Produkte auf dem Markt verfügbar sind, können mehr Menschen daran teilhaben und der Konsum kann ausgeweitet werden.

Die gesteigerte Produktivität der Arbeit kann aber nicht nur für mehr Produktion genutzt werden. Die Klasse der Arbeiter*innen hat in der Vergangenheit immer wieder gezeigt, dass sie genug Druck ausüben kann, um die Arbeitszeit zu begrenzen. Wenn das umgesetzt wird, gewinnen die Arbeiter*innen mehr freie Zeit. Auch freie Zeit ist ein Faktor, der individuelle Entfaltung ermöglicht: Je weniger Zeit Menschen darauf verbringen, fremdbestimmt zu arbeiten, desto mehr Zeit bleibt, um das zu tun, was sie individuell glücklich macht. Ob ich meine Freizeit mit Fernsehen, Familie, Nachtleben oder Kunst verbringe, ist Teil meiner individuellen Entfaltung, weil ich selbstbestimmt wählen kann, was ich tun möchte. Diese Individualisierung ist aber nicht rein kapitalistisch: Der Kapitalismus strebt in erster Linie nach einer Ausweitung der Arbeitszeit. Ob und auf welche Zeit der Normalarbeitstag oder die Arbeitswoche begrenzt wird, hängt vom gesellschaftlichen Kräfteverhältnis und von der Organisation der Arbeiter*innenklasse ab.

Yannic: Das halte ich für einen der interessantesten Widersprüche, in denen sich die Entwicklung von Individualität im Kapitalismus bewegt: Einerseits werden viele Barrieren abgebaut, die Menschen bisher von gesellschaftlicher Teilhabe und Wohlstand ferngehalten haben. Die Möglichkeit zur Teilhabe hängt jetzt von ökonomischen Mitteln ab. Der Lohn wird in Geld ausgezahlt, das theoretisch gegen alles andere eingetauscht werden kann. Dadurch wird eine freie Teilhabe am gesellschaftlichen Wohlstand möglich, weil der Reichtum von Gesellschaften, in denen die kapitalistische Produktionsweise herrscht, sich als eine »ungeheure Warensammlung«[52] darstellt. Andererseits wird die Menge an Teilhabe doch wieder durch die Höhe des eigenen Lohnes beschränkt, wodurch Menschen auf neue Art ausgeschlossen werden.[53]

Hier ist wichtig zu betonen, dass Individualität mehr sein muss als die Teilhabe an Wohlstand durch Konsum und freie Zeit. Trotzdem lässt sich Individualität nicht von diesen beiden Elementen trennen: Wohlstand und freie Zeit schaffen die materiellen Bedingungen und den Freiraum, um Individualität auszubilden und auszuleben. Natürlich sind sie nicht die alleinige Ursache für die Individualisierung, die aus unterschiedlichen, sich gegenseitig beeinflussenden Faktoren gebildet wird. Trotzdem spielt sie eine zentrale Rolle in diesem Prozess.

Die Ausdifferenzierung anderer gesellschaftlicher Bereiche hat zusätzlich zur breiten Individualisierung beigetragen. Durch eine breitere demokratische und zivilgesellschaftliche Teilhabe, die Bemühung der Massenmedien, Individuen zu erreichen, und ein breites Angebot individueller Lebensformen wird ein umfassender Individualisierungsprozess angestoßen. Die Individualisierung erstreckt sich damit auf alle Bereiche der Gesellschaft. Allerdings stoßen auch die politischen und kulturellen Sphären an ihre kapitalistisch bedingten Grenzen. Der französische Soziologe Pierre Bourdieu und seine Nachfolger*innen haben immer wieder gezeigt, wie stark das familiäre Milieu mit Lebensstilen, Erziehungsmethoden, schulischer Leistung, politischen Einstellungen, Geschmack und der Lebensart zusammenhängt.[54]

Lea: Dazu kommt, dass der Kapitalismus nicht bloß Möglichkeiten zur Entfaltung von Individualität schafft – so beschränkt sie auch sein mögen. In bestimmten Hinsichten besteht auch ein *Zwang zu Individualität*. Jeder Mensch ist selbst dafür verantwortlich, in dieser Gesellschaft zu überleben: Man braucht eine Arbeitsstelle oder muss sich um ein anderes Einkommen kümmern, um Teil der Gesellschaft zu sein. Jede*r Einzelne wird dafür verantwortlich gemacht, auf dem Arbeitsmarkt verwertbar zu sein. Schon in der Schule wird uns gesagt, dass wir ohne Lernen keinen guten Job bekommen werden. Diese Angst begleitet uns dann durch unser Leben und prägt damit auch unseren Selbstwert, unsere Selbstwahrnehmung und unsere Identität. Wenn man dann eine gute Arbeitsstelle haben möchte, geht es nicht mehr nur um Zeugnisse und Abschlüsse. Viele Unternehmen achten bewusst darauf, Menschen als Individuen einzustellen. Es wird auf Diversität, Hobbys, Erfahrungen und auf deinen Persönlichkeitstypen geachtet. Es wird erwartet, dass der Job die eigene Identität so sehr erfüllt, dass es sich gar nicht mehr wie Arbeit anfühlt. Am besten rechtfertigt man mit dem eigenen Lebenslauf, dass man für diese Stelle geboren wurde. So wird nicht nur der Lebenslauf, den man bei der Bewerbung einreicht, sondern eine erlebte, spannende und individuelle Identität zu einem Arbeitsprojekt.

Teilweise werden sogar Diversitätsmerkmale und Diskriminierungserfahrungen verwertet, wenn es zum Unternehmensprofil passt. Schließlich wollen immer mehr Unternehmen heute vielfältig sein – und das auch nach außen zeigen. Das dient einerseits dem Ruf und zieht mögliche Kund*innen an, aber hat auch unternehmensinterne Zwecke, wenn qualifizierte Mitarbeitende sich mit den scheinbaren Werten des Unternehmens identifizieren und daher motivierter und langfristiger im Unternehmen arbeiten oder dadurch erst angezogen werden – schließlich haben wir einen ›Fachkräftemangel‹. Es ist zwar wichtig, Menschen mit Diskriminierungserfahrungen zu fördern und Nachteile auszugleichen, die Verwertung der Diversität von Angestellten fühlt sich für mich aber so an, als würden individuelle Erfahrungen und Hintergründe ausgebeutet. Weil eine Arbeitsstelle immer mit Abhängigkeit verbunden ist, entsteht ein indirekter Zwang, die gesamte Identität offenzulegen und für den Job verwertbar zu machen.

Yannic: An den von dir beschriebenen Anforderungen an Menschen als Individuen, kann man denke ich gut sehen, wie die Entwicklung der Individualität in engem Zusammenhang mit der Entwicklung der bürgerlichen Gesellschaftsformation steht. Der Neoliberalismus war ein Befreiungsversuch der kapitalistischen Klasse, deren Profite zurückgingen. Der Abbau sozialstaatlicher Errungenschaften, die Auslagerung von Arbeitsplätzen und umfassende Verunsicherung von Arbeiter*innen haben dazu geführt, dass die Arbeitskraft wieder einer höheren Unsicherheit ausgesetzt ist: Es herrscht eine »politische[n] Ökonomie der Unsicherheit«[55]. Die Arbeiter*innen werden dazu gedrängt, sich wie Unternehmer*innen ihrer eigenen Arbeitskraft zu verhalten, in diese zu investieren und sie attraktiv zu machen. Die reine Arbeitskraft allein reicht nicht mehr aus, sie wird zu einem Lebensprojekt. Diese Entwicklung ist das Ergebnis einer Produktionsbasis, in der die kapitalistische Klasse Arbeiter*innenrechte zurückgedrängt und Unsicherheit geschaffen hat. Und schon das waren mühsam errungene und eingeschränkte Gewinne der Arbeiter*innen und ihrer Vertretungen. Diese Entwicklung hat auch Auswirkungen auf andere Bereiche, wie den Bildungsbereich. Das Konzept des lebenslangen Lernens entspricht einem Menschen, der seine individuelle Arbeitskraft als lebenslanges Projekt betrachten muss.

Michel Foucault hat in seinen späten Jahren den Begriff der ›modernen Gouvernementalität‹ geprägt, der gut mit den Oberflächenerscheinungen des neoliberalen Kapitalismus übereinstimmt. Der Begriff ist zwar komplex und verworren, weshalb ich nicht näher auf das Konzept an sich eingehen möchte. Aber die Texte und Bücher, die sich mit diesem Begriff beschäftigen, beschreiben eine Zeit, in der der selbstständige Mensch als *gesellschaftliches Ideal* in den Vordergrund rückt. Der einzelne Mensch soll Verantwortung für sich selbst, seine Arbeitskraft und seine Persönlichkeit übernehmen. Im besten Fall soll er dies wie ein Unternehmen tun, nach »betriebswirtschaftlichen Effizienzkriterien und unternehmerischen Kalkülen«[56]. Beispiele dafür sind Abendkurse bei *Skillshare*, selbstfinanzierte Fortbildungen zur Selbstführung, Investitionen mit der Hoffnung auf späteren Gewinn (= Aufstieg, mehr Gehalt) oder die Kalkulation bestimmter Verhaltensweisen. Den Personen obliegt die Verantwortung für die Anstellung selbst.[57] Dieser Komplex der ›Arbeitnehmer-Ich-AG‹ erstreckt sich über das Berufsleben hinaus bis in den Feierabend und die tiefste Privatsphäre. Es ist eine Lebenseinstellung, die potenziell alle Bereiche unseres Lebens betrifft.[58] Theoretisch könnte man sich dem entziehen, aber dann würde man den Preis einer guten Anstellung zahlen.

Linke sehen diese neue Situation für die lohnabhängige Bevölkerung und auch für die oberen Riegen der Arbeitswelt oft nur negativ. Natürlich gibt es viel Zwang in diesem gesellschaftlichen Zusammenhang. Aber ich glaube, dass man die Situation nicht nur auf die negativen Seiten reduzieren kann. Der ökonomisch verursachte Zwang zur Individualität bedeutet auch immer einen Gewinn an Individualität, die wir uns wieder aneignen können.

Der Zwang zur Individualität führt paradoxerweise dazu, dass Individualität in eine Krise gerät. Wenn Individualität nicht nur ermöglicht und langsam erweitert wird, sondern zu einer lebensnotwendigen Anforderung wird, entsteht eine Identitätskrise. Identität wird zu einer permanenten Aufgabe und Forderung: »Aus diesem Grund verhält sich ›Identität‹ – obschon ganz offensichtlich ein substantivischer Begriff – wie ein Verb, wenn auch ein sehr seltsames: Es erscheint nur in der Zukunftsform. Obgleich allzu oft als feststehende Eigenschaft angenommen, besitzt ›Identität‹ den ontologischen Status eines Vorhabens und Postulats«.[59] Dieser Zwang überfordert die Menschen und erzeugt das Verlangen nach besseren, weniger individualistischen Zeiten und nach Gemeinschaft. Dieser Wunsch findet in rechten und identitären Bewegungen Ausdruck und stellt so eine Gegenbewegung zur Individualisierung dar.[60]

Die moderne Gouvernementalität, die Arbeitnehmer-Ich-AG, das neoliberale Subjekt und das aktuelle Individuum haben ihren Ursprung nicht in einem Vakuum oder einem einfachen Umdenken ›westlicher‹ Gesellschaften. Sie sind Ausdruck einer spezifischen Betriebsweise des flexibilisierten Kapitalismus,[61] der durch die Dynamiken und Gesetze der kapitalistischen Produktionsweise hervorgebracht wurde. Daher können solche sozialen Entwicklungen nur verstanden werden, wenn man auf diese Basis zurückgreift: »Die Entwicklung der Produktivkraft der Arbeit steht ganz im Dienste der Verwertung des Werts. Folglich ist die Entwicklung menschlicher Fähigkeiten nicht Selbstzweck der gesellschaftlichen Produktion, sondern Mittel für die Produktion in spezifisch historischer Form«.[62] Die Entwicklung von Individualitäten und Identitäten innerhalb der bürgerlichen Gesellschaftsformation ist also niemals Selbstzweck oder nur auf individuelle Entfaltung ausgerichtet, sondern unterliegt den Bedürfnissen der entsprechenden Organisationsform von Produktion und Reproduktion. Aus meiner Sicht bietet das Denken mit Marx einen wesentlichen Vorteil gegenüber anderen sozialkritischen Ansätzen: Phänomene wie die Gouvernementalität werden nicht einfach als Aneinanderreihung von Unterschieden betrachtet, sondern in ihren systemischen Zusammenhang eingebettet.

Das wirft aber auch die Frage auf, wie Individualität in Zukunft aussehen kann. Der Sozialismus wird oft als der große Gleichmacher dargestellt, der alle Individualität zerstören möchte.

Lea: Ich glaube sogar, dass viele Sozialist*innen die Ansicht teilen. Denn im Sozialismus steht die Gemeinschaft im Mittelpunkt, was eine klare Ablehnung des individualistischen Kapitalismus bedeutet, in dem alle gegen alle konkurrieren sollen und das Individuum sich nur entfalten kann, wenn es über Geld verfügt, und am besten durch Konsum. Aber da endet der kapitalistische Individualismus: Wer es sich nämlich nicht leisten kann, kann sich auch nicht in der eigenen Individualität verwirklichen. Was wird also im Sozialismus tatsächlich zerstört? Meiner Meinung nach müssen wir im Sozialismus ein Identitätsverständnis aufgeben, bei dem sich Menschen sich auf Kosten anderer verwirklichen. Trotzdem gibt es Errungenschaften progressiver Kämpfe wie der queeren Bewegung, die eine freiere Entfaltung von Persönlichkeit ermöglichen. Als Sozialistin sehe ich meine Rolle nicht darin, diesen Zugewinn an menschlicher Emanzipation von gesellschaftlichen Normen zu bekämpfen, sondern eher darin, zu sehen, wie wir diese Emanzipation *allen* Menschen zugänglich machen können. Denn aus Normen auszubrechen muss man sich im Kapitalismus erst einmal leisten können: Ökonomische Abhängigkeiten von Arbeit und Familie sowie politische Zwänge verhindern es vielen Menschen, sich von zweigeschlechtlichen Rollen und der heterosexuellen Norm zu lösen. Identitätspolitik ist ein Weg,

Diversität zu normalisieren. Ich sehe das in erster Linie als einen Verdienst, obwohl ich klare Grenzen von Identitätspolitik sehe.

Yannic: Wir sollten davon ausgehen, dass Individualität, Persönlichkeitsentwicklung und die Möglichkeit, seinen eigenen Lebensweg zu wählen, wichtige gesellschaftliche Ziele sind, die kein Problem des Kapitalismus sind. Der Kapitalismus hat die Entfaltung der Individualität vorangetrieben und ja, auch kommerzialisiert sowie für die eigene Reproduktion nutzbar gemacht. Die Entwicklung von Individualität ist eng mit der kapitalistischen Logik verbunden und wer eine bestimmte Individualität oder auch Gruppenidentität aufnehmen möchte, äußert das oft durch den Konsum von Waren. Es ist aber wichtig, die Entfaltung der Persönlichkeit von der kapitalistischen Logik zu trennen und sie auf ihr Zukunftspotenzial hin zu befragen. Ein Sozialismus sollte aus meiner Sicht nicht rückwärtsgewandt sein und die Errungenschaften der Moderne zerstören. Das würde ihn erstens zu einem reaktionären System machen und wäre wohl auch bei einem Großteil der Bevölkerung hierzulande nicht anschlussfähig. Im Gegenteil müsste er die Errungenschaften der Vergangenheit und Gegenwart in den Gesellschaften, in denen er entsteht, aufgreifen und weiterentwickeln. Wir sollten daher eine Entfaltung von Persönlichkeit und Individualität fordern, die außerhalb einer kapitalistischen Verwertungslogik liegt. Nur so können die sozialistischen Ideale von breiten Bevölkerungsschichten, insbesondere in den wohlhabenden, individualistischen ›westlichen‹ Staaten, akzeptiert und erstrebenswert gefunden werden. Bei der Gestaltung des Sozialismus der Zukunft müssen wir die Individualität berücksichtigen und sie nicht als Abweichung oder Fehler betrachten.

Lea: Indem Individualismus eine freie Entfaltung einzelner Menschen, unabhängig von gesellschaftlichen Normen ermöglicht, trägt er zur menschlichen Emanzipation bei. Wenn wir eine kommunistische Gesellschaft anstreben, in der jeder nach seinen Fähigkeiten und jede nach ihren Bedürfnissen leben kann, dann muss es Raum für Individualität geben. Allerdings muss die Verwirklichung individueller Identitäten im Kommunismus anders aussehen als im Kapitalismus. Identitätspolitik wird wie beschrieben aktuell stark kommerzialisiert und eng mit Konsum verbunden. Kapitalistische Unternehmen nutzen das aus, um Profite zu machen. Und ich denke, dass sich hier die Kämpfe gegen die kapitalistische Vereinnahmung von Identitäten treffen.

Es gibt aber klare Grenzen von Identitätspolitik, insbesondere wenn es um strukturelle, also ökonomische Unterdrückungs- und Ausbeutungsverhältnisse geht. Antirassistische Kämpfe sind ein konkretes Beispiel dafür. Denn Identitätspolitik kann materielle Ungleichheiten nicht überwinden. Sie funktioniert auf kultureller Ebene, kann aber nichts daran ändern, dass Schwarze Menschen immer noch strukturell ärmer sind als *weiße* Menschen. Identitätspolitik kann Menschen ihr Selbstwertgefühl zurückgeben, aber sie wird den Neokolonialismus und Imperialismus nicht besiegen. Deshalb brauchen wir auch den gesellschaftspolitischen Kampf gegen die strukturelle Unterdrückung.

Meiner Meinung nach kann Identitätspolitik auch dazu beitragen, Menschen zu politisieren. Es ist dabei aber wichtig, dass der politische Kampf nicht auf der oberflächlich-kulturellen Ebene bleibt, sondern strukturell wird und die gesellschaftlichen Verhältnisse kritisiert. Gleichzeitig gibt es keine einheitliche marxistische Haltung, wie Identitätskämpfe einzuordnen sind. Wie denkst du, können wir Identitäten und Individualität marxistisch einordnen?

Yannic: Der Marxismus ermöglicht es uns, die Art, wie wir unser Überleben und Zusammenleben organisieren, sowie die Krisen, die daraus entstehen, zu analysieren. Darüber hinaus ist er aber auch eine *Methode*, um menschliches Verhalten und Gesellschaften besser zu verstehen. Dabei steht Individualität am *Ende* einer Reihe gesellschaftlicher Verhältnisse, die Individuen formen und die Bildung von Identitäten ermöglichen und einschränken. Neben den schon aufgeworfenen allgemeinen Folgen bedeutet das auch, dass Identitäten in Klassengesellschaften nie einheitlich sind: Jede Identität wird von den Klassenverhältnissen beeinflusst. Zum Beispiel erleben Mitglieder der kapitalistischen Klasse Queerness anders als Arbeitslose, da sie über unterschiedliche Ressourcen verfügen und sich in verschiedenen sozialen Umgebungen bewegen. Umgekehrt werden auch die Klassenverhältnisse von Identitäten beeinflusst: Schwarze Menschen haben die proletarische Situation historisch anders erlebt als *weiße* Menschen. Schließlich ist Identität in die Entwicklung von Gesellschaften eingebunden, die der Marxismus greifbar macht. Wenn der geschichtliche Entwicklungsprozess eine Befreiung der Menschen von den Zwängen der Notwendigkeit ist, dann sind Identität und Individualität ein Ergebnis dieses Prozesses: Erst mit einem bestimmten Stand des gesellschaftlichen Reichtums und der Auflösung traditioneller Beziehungen durch den Kapitalismus wird moderne Individualität möglich. Moderne Individualität ist also nicht das Ergebnis einer kulturellen Umwälzung, sondern basiert auf der Entwicklung der materiellen Verhältnisse unserer Gesellschaft.

Lea: Gerade das finde ich wertvoll an einer solchen marxistischen Sicht auf Individualität: Sie erkennt an, dass Identität und Individualität wichtig und gültig sind, zeigt aber auch auf, wie sie sich entwickeln. Individualität ist demnach nicht abstrakt oder losgelöst von der Gesellschaft, sondern entsteht innerhalb der gesellschaftlichen Verhältnisse. Ein Mensch wird von vielen Einflüssen geprägt, wie der Familie, den Bildungseinrichtungen, Freund*innen, Vorbildern, Medien und Filmen, kulturellen Normen und Werten, Rollenbildern und natürlich auch dem eigenen Klassenstandpunkt. Marx schreibt deshalb, dass der einzelne Mensch immer auch das »Ensemble der gesellschaftlichen Verhältnisse«[63] ist. Jede Individualität ist also gewachsen. Das bedeutet aber nicht, dass wir alle bloß determinierte Roboter sind. Wir Menschen haben die Fähigkeit zu denken, Impulse zu verarbeiten und vor allem Neues zu schaffen. Das Wissen, dass Menschen keine vorbestimmte Identität haben, sondern sich in einer Gesellschaft entwickeln, ist für mich nicht entmutigend. Es gibt uns eher die Möglichkeit, die Gesellschaft neu zu gestalten. Menschen sind nicht einfach so, sondern sie sind das Ergebnis ihrer Entwicklung. Anstatt uns auf das freie und eigenverantwortliche Individuum zu verlassen, sollten wir eine Gesellschaft und Umgebung schaffen, in der Menschen sich gut entwickeln können und lernen, auf sich selbst und aufeinander zu achten. In sozialistischen Ansätzen führt diese Erkenntnis oft zu einer besonderen Betonung von Erziehung. In real existierenden sozialistischen Staaten lag der Fokus hierbei häufig auf der Gesellschaft, nicht auf dem Individuum. Wie können wir in zukünftigen sozialistischen Projekten diesen Widerspruch zwischen Gesellschaft und Individuum auflösen?

Yannic: Dafür müssen wir meiner Meinung nach überdenken, was das Problem der Individualität im Kapitalismus ist. Die Individualität im Kapitalismus ist in erster Linie durch Konsum geprägt. Das ist an sich nicht unlösbar. In einer nicht-kapitalistischen Welt könnte es auch eine Individualität geben, die sich teilweise in Gebrauchswerten zeigt. Das lässt sich bloß aus einer moralischen Perspektive heraus verurteilen. Das eigentliche Problem der Individualität im Kapitalismus besteht darin, dass sie mit antagonistischen Verhältnissen verbunden ist: der imperialistischen Ausbeutung anderer Teile der Erde, Klassenverhältnissen, Interessenkonflikten innerhalb von Gesellschaften. In kapitalistischen Gesellschaften stehen verschiedene Positionen zur Verfügung, die Menschen in einen Konflikt mit anderen Menschen und ihren Identitäten bringen. Beispiele dafür sind die nationalistische und rassistische Identität, die sich gegen Menschen wendet, die als fremd wahrgenommen werden und die durch strukturelle Ausbeutung gestützt wird oder Geschlechtsidentitäten, die auf Grundlage der kapitalistischen Wirtschaftsform eine neue ausbeuterische Dynamik bekommen. Das bedeutet nicht, dass alle Aspekte der Individualität immer und überall antagonistisch sind. Aber in einer Gesellschaft, die auf Klassen basiert und in der Menschen in Konkurrenz zueinander stehen, wird Individualität zu etwas Antagonistischem. Die Beziehungen zwischen verschiedenen Identitäten und Individualitäten von ihrem antagonistischen Charakter zu befreien bedeutet also, die von Konkurrenz und Klassen geprägte Gesellschaft zu überwinden. Das bedeutet nicht, dass es im Sozialismus keine unterschiedlichen Interessen und Individualitäten mehr geben wird. Im Gegenteil, durch die Befreiung von den einschränkenden Elementen des Kapitalismus können wir eine weitere Ausdifferenzierung von Individualitäten erwarten. Aber es ist gerade Aufgabe eines sozialistischen Systems, eine Vermittlungsform zu entwerfen, durch die die Vielfalt ohne antagonistisches Verhältnis existieren kann. Die Frage ist, ob es widersprüchliche Interessen zwischen Gemeinschaft und Individualität gibt, die nicht aufgelöst werden können. Die klassische Sicherheitsfrage ist stark von den kapitalistischen Verhältnissen geprägt. In einer sozialistischen Gesellschaft, in der das Leben der Menschen gesichert ist und es ein starkes soziales Sicherungsnetz gibt, können wir diese Frage überwinden.

Im Kapitalismus ist die Individualisierung, wie schon erwähnt, immer durch die Schwankungen der kapitalistischen Produktionsweise eingeschränkt. Das zeigt sich auch in der aktuellen Identitätskrise: Der Sozialstaat des 20. Jahrhunderts hat den Menschen in westlichen, kapitalistischen Gesellschaften eine weitreichende Individualisierung ermöglicht, indem er ein Sicherungsnetz geschaffen und klassische Aufgaben von Familie und Gemeinschaft institutionalisiert hat. Der breite neoliberale Angriff auf den Sozialstaat seit Beginn des 21. Jahrhunderts untergräbt das aber. Das institutionalisierte Sicherungsnetz wird zunehmend abgebaut und die Menschen sind wieder stärker auf sich selbst und ihre persönlichen Beziehungen gestellt. Gleichzeitig wurden diese persönlichen Beziehungen durch den vorherigen Ausbau des Sozialstaats zurückgedrängt, sodass jetzt auch ihre Stabilität fehlt. Diese unsichere Situation setzt die Individuen unter Druck und führt zu einer Identitätskrise.

Lea: Du fasst gut zusammen, dass Individualität im Kapitalismus den Interessen von Gemeinschaft entgegenstehen kann. Der Punkt zur sozialen Sicherheit, den du machst, ist ein gutes Beispiel. Dass sich das soziale Sicherungsnetz im gegenwärtigen Neoliberalismus wieder stärker auf die Familie stützt, wird auch vom sogenannten Bürgergeld reproduziert, indem auf ›Bedarfsgemeinschaften‹ zurückgegriffen wird – das heißt, es wird zuerst geprüft, ob die arbeitslose Person finanziell von ihrem privaten Umfeld unterstützt werden kann, bevor sie Anspruch auf Leistungen hat. Im Alltag wird bemerke ich das, wenn ich über das Thema Kinderwunsch diskutiere oder eher darüber, dass ich keinen habe. Andere kommentieren dann oft, dass Menschen ohne Kinder im Alter nicht nur einsam, sondern auch hilflos und arm würden. Unabhängig davon, ob das stimmen mag und was damit für ein indirekter Zwang zusammenhängt, zeigt das, wie stark die Angst davor ist, ohne soziale Netze im Kapitalismus aufgeschmissen zu sein und wie stark einige individuelle Lebensentwürfe im Kapitalismus mit solchen existenziellen Ängsten verbunden sind.

Wie du sagst, ist das ein Verhältnis, das im Sozialismus durch soziale Sicherheit aufgelöst werden kann. Dadurch wird vielleicht sogar mehr Entfaltung möglich. Materielle Abhängigkeiten spielen in zwischenmenschlichen Beziehungen keine Rolle mehr, was zu einer freieren und erfüllenderen Gestaltung dieser führt. Die Sorge darüber, wer sich im Alter um einen kümmert, entfällt, weil ältere Menschen in der Gesellschaft einen Platz haben und menschenwürdig versorgt werden, ohne dass ihre Kinder diese Verantwortung tragen müssen.

Die dadurch entstehenden Entfaltungsmöglichkeiten haben wenig mit kapitalistischem Individualismus zu tun. Ich glaube auch, dass sich das Konzept von individueller Selbstverwirklichung verändern wird, da Individualismus im Sozialismus nicht darauf basieren kann, dass nur diejenigen sich entfalten können, die es sich leisten können. Es sollte keine Entfaltung von Individuen auf Kosten anderer geben. Das betrifft zum Beispiel die Verwirklichung von Familien- und Lebensentwürfen, die auf Dienstleistungen wie Leihmutterschaft angewiesen sind. Und auch Individualität, die auf Konsum basiert, kann in einem System, in dem die Produktion nach gesellschaftlichen Bedürfnissen gesteuert wird, nicht unbeschränkt stattfinden. Zumindest dann nicht, wenn die Produkte umweltschädlich und arbeitsintensiv sind. Allerdings sehe ich selbst hier Spielraum, je nachdem wie Produktion, Verteilung und Steuerung organisiert werden. Durch Digitalisierung, den Einsatz von Algorithmen und möglichen weiteren kommenden Entwicklungen könnten durchaus Optionen für eine individualisierte Produktion entstehen.

Jede Gesellschaft legt den Rahmen für Individuen fest. Wir bräuchten keine Gesellschaft, wenn Individuen vereinzelt und unabhängig voneinander ein besseres Leben hätten. Der Sozialismus strebt danach, eine Gesellschaft zu schaffen, von der alle profitieren. Gleichzeitig begibt man sich natürlich in einen Abhängigkeitszusammenhang. Wenn ich nicht alles selbst produziere, was ich zum Leben brauche, sondern mich nur auf den Anbau von Weizen konzentriere, muss ich darauf vertrauen, dass für die anderen Dinge gesorgt ist. Auf gesamtgesellschaftlicher Ebene bedeutet das, dass wir uns auch so etwas wie Kunst und Kultur, also nicht lebensnotwendige Dinge, leisten können müssen. Die Entfaltungsmöglichkeiten sind also begrenzt durch das, was die Gesellschaft leisten kann und will. Sicher, ein utopischer Kommunismus könnte beides ermöglichen, aber wie sieht es in der Realität aus? Ich denke, dass das die Herausforderungen sein werden, mit denen sich Sozialist*innen auseinandersetzen müssen: Wie viel individuelle Entfaltung *können* und *wollen* wir in einer sozialistischen Gesellschaft ermöglichen?

Yannic: Individualisierung und Identitäten mit Marx zu denken, bedeutet also nicht, sie abzulehnen. Es geht darum, sie in ein Verhältnis zu den Produktions- und Reproduktionsverhältnissen zu setzen, zu verstehen, wie beides so wichtig in den heutigen westlichen Gesellschaften werden konnte, warum Identitäten im Kapitalismus zum Problem werden und was es bedeutet, Individualität und Identität voranzubringen. Letztendlich verbinden sich hier, wie immer, das Moment der Analyse und das Moment der Politik: Die kritische Analyse von Identitäten und Individualismus im Kapitalismus gibt uns einen Einblick, wie sie entstanden sind und in welchen Widersprüchen sie sich bewegen. Aber sie kann uns nicht vorhersagen, wie es richtig geht.

Globaler Kapitalismus und Imperialismus

Yannic: Wenn wir über die globale Perspektive sprechen, fügen wir allem, über das wir gesprochen haben, eine neue Dimension der Komplexität hinzu. Über den Kapitalismus können wir nicht sprechen, ohne den Kolonialismus und Imperialismus zu verstehen. Der Feminismus und die Emanzipation können nicht ohne die weltweite Ausbeutung von Frauen betrachtet werden. Wenn wir über die arbeitende Bevölkerung hier sprechen, müssen wir auch über die arbeitende Bevölkerung weltweit sprechen. Die Umweltzerstörung kann nicht auf nationaler Ebene betrachtet werden und Individualität und Sozialstaat haben einen globalen Nährboden.

Lea: Um gesellschaftliche Konflikte und unsere Zukunftsperspektiven richtig analysieren zu können, ist es entscheidend, die globale Dimension zu berücksichtigen. Wenn wir das nicht tun, bleibt unsere Analyse im besten Fall oberflächlich und schlimmstenfalls führt sie zu neuen imperialistischen Projekten, wenn beispielsweise nur im Interesse einer bestimmten Gruppe in Deutschland oder Europa gehandelt wird, ohne die möglichen Konsequenzen für Menschen in anderen Regionen zu bedenken.

Genauso wichtig ist es, die Vergangenheit und die historische Entwicklung unserer Gegenwart mit einzubeziehen. Insbesondere im Hinblick auf internationale Zusammenhänge und globale Machtverhältnisse spielt die Geschichtlichkeit gesellschaftlicher Kräfteverhältnisse eine wesentliche Rolle, da der Kolonialismus unsere heutige Weltordnung maßgeblich geprägt hat. Obwohl die militärische Herrschaft des sogenannten Westens in den meisten kolonisierten Regionen endete, blieben wirtschaftliche Strukturen häufig bestehen. Während der Kolonialzeit entwickelte sich die Struktur des globalen Handels, wie wir ihn heute kennen. Die kolonisierenden Staaten richteten die Wirtschaftsstruktur in der

Regel auf ihre eigenen Bedürfnisse aus,[64] was dazu führte, dass dort keine umfassende Industrialisierung und eine Abhängigkeit vom Export von Primärgütern – also nicht industriell verarbeiteten Gütern wie Lebensmittel und natürliche Rohstoffe – aus Landwirtschaft und Bergbau entstand. Teils wurden auch Produkte aus einfacher, aber arbeitsintensiver Verarbeitung hergestellt. Den Abbau organisierten entweder die kolonisierenden Staaten selbst, Konzerne aus diesen Ländern, oder es gab eine Mischform. Während der Kolonialzeit wurden also enorme Reichtümer in den ›Westen‹ verschifft. Der Kolonialismus legte damit den Grundstein für die heutigen Ungleichheiten.

Yannic: Die ›westliche‹ Vorherrschaft und der ›westliche‹ Reichtum haben zwei Eltern: Zum einen ist da die kapitalistische Wirtschaftsform, die durch die Ausbeutung von (doppelt freien) Arbeitskräften sowie die Investition (das heißt Bewegung) von Kapital in profitable Wirtschaftsbereiche den Wohlstand und die Produktivität steigert. Dieser Prozess ist das *Wesen des kapitalistischen Produktionsmodells*. Auf der anderen Seite wurde dieses Modell seit seiner Entstehung vor etwa 500 Jahren durch imperialistische Praktiken wie die Ausbeutung von Kolonien unterstützt. Bis ins frühe 18. Jahrhundert wurden beispielsweise 100.000 Tonnen Silber aus Lateinamerika geraubt und in Europa verwendet.[65] Dieser angeeignete Reichtum hat die Kapitalakkumulation in Europa angekurbelt und den Handel mit asiatischen und ostafrikanischen Ländern ermöglicht.[66] Durch diesen Handel konnten europäische Länder landintensive Güter und Rohstoffe importieren, die für die Industrialisierung notwendig waren. Gleichzeitig konnte Arbeitskraft aus diesen Sektoren abgezogen und in der industriellen Produktion eingesetzt werden.[67] Hinzu kommt der Handel mit und die Ausbeutung von versklavten Menschen. Für europäische Länder bot dieser ›Handel‹ die Möglichkeit, ihre eigenen Produkte zu verkaufen und mit den Gewinnen beispielsweise in technologische Innovationen zu investieren, die wiederum die Industrialisierung und Kapitalakkumulation vorantrieben.[68] Für die Vereinigten Staaten von Nordamerika bedeutete das einen scheinbar unerschöpflichen Vorrat an menschlicher Arbeitskraft. Zwischen 1619 und 1865 konnten sich die *weißen*, männlichen Siedler mehr als 220 Millionen Arbeitsstunden aneignen,[69] während sie die ›erste moderne Demokratie der Welt‹ aufbauten. Die Auswirkungen des Kolonialismus auf europäische Gesellschaften und Volkswirtschaften sind enorm. Neben den direkten Auswirkungen durch die Aneignung von Rohstoffen, Land und Arbeitskräften hatte der Kontakt mit kolonisierten Ländern auch Auswirkungen auf angrenzende Wirtschaftszweige sowie auf die gesellschaftliche und politische Struktur. Zudem diente er als Experimentierfeld für kapitalistische und gesellschaftliche Konzepte, die später die europäischen Länder prägten.

Lea: Der Kolonialismus hat die kapitalistische Entwicklung im Westen also befeuert, indem er die kapitalistische Industrie mit Rohstoffen und Waren versorgt hat. Auch Marx und Engels haben diese Zeit mitbekommen, sie lebten ja sogar in der Hochphase des British Empire. Auch sie haben sich deshalb damit beschäftigt.

Yannic: Mittlerweile haben sich mit den Post- und Dekolonialen Theorien Denk- und Praxisströmungen entwickelt, die sich teilweise stark von Marxschen Begriffen abgrenzen. Marx wird oft als alter, *weißer* und vor allem eurozentrischer Mann betrachtet, der die globale Peripherie nicht angemessen beachtete und sich stattdessen auf die Situation der männlichen Arbeiter in den kapitalistisch geprägten Ländern des Zentrums konzentrierte.

Von Irland, der »erste[n] englische[n] Kolonie«[70], über Indien, das entsprechende »Irland des Ostens«[71] bis zur »Entdeckung der Gold- und Silberländer in Amerika, die Ausrottung, Versklavung und Vergrabung der eingebornen Bevölkerung in die Bergwerke, die beginnende Eroberung und Ausplünderung von Ostindien, die Verwandlung von Afrika in ein Geheg zur Handelsjagd«[72] von Menschen fand die koloniale Unterwerfung anderer Länder und der Konflikt zwischen den Nationen immer wieder die Aufmerksamkeit von Marx und Engels.[73] Sie hatten nicht nur ein Auge für den Klassenkampf zwischen dem englischen Proletariat und ›dessen‹ Bourgeoisie, sondern auch für die globalen Verhältnisse. Die kapitalistischen Entwicklungen waren von Anfang an mit den kolonialistischen Entwicklungen verbunden.

Zu dieser engen Verbindung der kapitalistischen mit der kolonialen Ausbeutung schreibt Nancy Fraser in ihrem Buch *Der Allesfresser. Wie der Kapitalismus seine eigenen Grundlagen verschlingt*, dass es über Marx hinaus einen »Schritt von der ›Vordergrundgeschichte‹ der Ausbeutung (Exploitation) zur ›Hintergrundgeschichte‹ der Enteignung (Expropriation)«[74] brauche. Die Ausbeutung der Arbeiter*innen in den reichen Ländern war von Anfang des Kapitalismus an mit der Ausbeutung von deren übrigen Familienmitgliedern, meist Frauen, verbunden. Dazu kam die rassistische Aneignung von Ressourcen und Arbeitskraft unter Wert in den Kolonien und zu Hause sowie die kostenlose Aneignung von Natur. Darauf hat, deutlicher als Fraser es einräumt, auch Marx an unterschiedlichen Stellen hingewiesen. So zeigt sich Marx in seiner Auseinandersetzung mit Indien darüber bewusst, wie eng das Schicksal der westeuropäischen Arbeiter*innen mit dem Schicksal der ausgebeuteten Menschen in der Peripherie verwoben war. So schreibt er in *Das Elend der Philosophie* über die »Millionen Arbeiter [...], die in Ostindien umkommen mußten, damit den eineinhalb Millionen in der gleichen Industrie in England beschäftigter Arbeiter drei Jahre Prosperität auf zehn verschafft würden.«[75] Dementsprechend war die Sklaverei nicht bloß der Steigbügel, den die Lohnarbeit in Europa in ihrem Aufstieg nutzte,[76] sondern etwas, auf das immer wieder mehr oder weniger zurückgegriffen wurde.

Marx hat den Kolonialismus zugegebenermaßen auch als etwas betrachtet, das in den Kolonien die Möglichkeit zu einer weiteren Entwicklung bringt. Er unterschied sich aber von der kolonialen Ideologie, die die Unterwerfung damit rechtfertigte, dass die Kolonien durch die Kolonialländer ›zivilisiert‹ würden. Marx war der Meinung, dass der Kontakt mit der kapitalistisch-modernen Industrie überkommene Sozialstrukturen überwinden könne. Das allein würde aber die Lage der kolonisierten Länder nicht verbessern. Stattdessen müsse es darum gehen, dass diese kolonisierten Länder »das englische Joch ein für allemal ab[...]werfen«[77] und sich die Produktivkräfte aneignen, um sich so zu befreien und die soziale Lage zu verbessern.

Lea: Der Kolonialismus war damit nicht nur eine zeitweise Beherrschung von anderen Ländern, sondern schuf durch die Ausbeutung und Verschiffung von Reichtümern in Form von Arbeitskraft und Rohstoffen eine immer größer werdende Kluft zwischen armen und reichen Regionen. Obwohl der Kolonialismus formal endete, blieb die Kluft bestehen und schloss sich nicht einfach wieder. Einige Länder waren nun reich und mächtig, während ehemals kolonisierte Länder bei null oder sogar darunter begannen. Mit der Unabhängigkeit gingen zwar die Besatzer, aber die Wirtschaftsstruktur blieb gleich. Die Konzerne blieben vor Ort, behielten ihren Besitz und ihre Ländereien und führten ihre Geschäfte weiter. Einige Länder versuchten, die Konzerne zu enteignen. Die wirtschaftliche Unabhängigkeit wird aber durch zahlreiche Regelungen des Welthandels beschränkt. Enteignungen ausländischer Investoren müssen kompensiert werden, sonst drohen wirtschaftliche Sanktionen.

Den jungen Staaten fehlte vor allem eines: Geld. Für die Ausbeutung und teils auch die Zerstörungen durch militärische Herrschaft und Kriege um die Unabhängigkeit gab es keine Wiedergutmachung. Der Aufbau eines Staates ist aber teuer. Es müssen politische Strukturen, vielleicht ein Sozialstaat, Infrastruktur und wirtschaftliche Grundlagen geschaffen werden. Und so begannen die frisch unabhängigen Staaten verschuldet. Aber auch für die Verschuldung haben sie schlechte Voraussetzungen: In ärmeren und instabilen Staaten ist das Zinsniveau hoch, weil Investitionen immer Risiken bedeuten. Die Länder waren daher nie wirklich unabhängig, sondern wirtschaftlich abhängig und konnten so von außen dominiert werden.

Die Dominierung ehemals kolonisierter Staaten von außen wird oft als ›Neokolonialismus‹[78] oder ›Koloniale Kontinuität‹[79] bezeichnet. Damit ist gemeint, dass Strukturen des Kolonialismus auch nach der offiziellen Unabhängigkeit fortbestehen. Das zeigt sich auf kultureller und religiöser Ebene, durch militärische Dominanz und Einmischung von ehemaligen kolonisierenden Staaten sowie durch ökonomische Strukturen. Eine Möglichkeit der wirtschaftlichen Dominanz ist vor allem durch Geld gegeben. Da die ehemaligen Kolonialstaaten direkt nach der Unabhängigkeit verschuldet waren, konnten sie einfach durch Kredite und sogenannte Hilfsgelder dominiert werden, die teilweise an Bedingungen geknüpft waren.

Ein einschneidendes Beispiel dafür sind die Strukturanpassungsprogramme, die in den 1980er-Jahren in vielen ehemaligen Kolonialstaaten umgesetzt wurden.[80] Der *Internationale Währungsfonds* (IWF) entwickelte Bedingungen, die Länder erfüllen mussten, um Hilfsgelder und Kredite zu erhalten, bei Zinszahlungen entlastet zu werden oder vorteilhafte Zinsen zu bekommen. Die Weltbank unterstützte die Bedingungen und bündelte Gelder verschiedener Geber, um den Druck auf die abhängigen Staaten zu erhöhen. Dabei ist auch auf die unrühmliche Rolle hinzuweisen, die Westdeutschland hier einnahm. Im Fall von Tansania schloss sich neben anderen westlichen Staaten nämlich auch die BRD den Ländern an, die Gelder zurückhielten.[81] Das ist deshalb hervorzuheben, weil Tansania ehemals als ›Deutsch-Ostafrika‹ von Deutschland kolonisiert war. Deutschland war also mit ein Grund, weshalb Tansania arm war – und hielt nun Hilfsgelder zurück, um Tansania zu einer neoliberalen Politik zu drängen. In einigen Staaten wurden die neoliberalen Programme umgesetzt, da die Politiker*innen dort der nationalen Bourgeoisie angehörten und die Strukturanpassungsprogramme befürworteten. In anderen Staaten, die die Bedingungen nicht akzeptieren wollten, wurde der Druck so weit erhöht, bis die Länder – inzwischen tief in einer Verschuldungskrise, da keine Gelder mehr flossen – schließlich zustimmen mussten, um zahlungsfähig zu bleiben.[82]

Die Maßnahmen umfassten die Öffnung der Märkte, eine niedrige Steuerpolitik oder sogar Steuervorteile für ausländische (Groß-)Investoren, Privatisierungen und den Abbau des Sozialstaats.[83] Das Ergebnis war eine noch nie dagewesene wirtschaftliche Dominanz transnationaler Konzerne. Die Länder wurden metaphorisch zum Ausverkauf freigegeben. Das erklärte und versprochene Ziel der internationalen Finanzinstitutionen und ihrer Fürsprecher war die Entstehung neuer wirtschaftlicher Dynamiken in den Ländern, ein massiver Kapitalzufluss, viele Arbeitsplätze und Einnahmen durch Steuern in einer blühenden Wirtschaft. Aber davon ist Jahrzehnte später wenig übriggeblieben: Die Einnahmen durch Steuervorteile waren begrenzt, wirtschaftliche Dynamiken entstanden nicht wie erhofft, weil transnationale Konzerne die Waren in der Regel aus dem Land schaffen, um in reicheren Ländern Gewinne zu erzielen. Da die Verarbeitung von Rohstoffen häufig in anderen Ländern stattfindet, wurden gerade im Rohstoffsektor kaum Arbeitsplätze geschaffen – und dort, wo sie geschaffen wurden, sind sie meistens prekär.[84] Durch den abgebauten Sozialstaat, Privatisierungen und die geringen Steuereinnahmen sind die Staaten heute schwach und versuchen teils immer noch, die Verträge aus der Zeit der Strukturanpassung neu zu verhandeln.

Wenn wir also über globale Ungleichheit sprechen oder darüber, dass ärmere Staaten es nicht geschafft haben, eine starke Wirtschaft, einen Sozialstaat und alles, was damit zusammenhängt, aufzubauen, dürfen wir die Geschichte dieser Staaten nicht außer Acht lassen. Wenn wir über Sozialismus sprechen, können wir nicht ausblenden, dass einige Staaten gar nicht die Möglichkeit haben, einen unabhängigen Sozialismus aufzubauen, nicht nur aus militärischen Gründen, sondern weil die Staaten wirtschaftlich abhängig sind.

Yannic: Aber wir dürfen nicht nur vom Kolonialismus der Vergangenheit und seinen Nachwirkungen bis heute sprechen. Der Kapitalismus hat die nationalen Grenzen für die Profitmacherei immer weiter aufgesprengt und einen imperialistischen Weltmarkt geschaffen. Dadurch profitieren die reichen kapitalistisch geprägten Staaten fast nebenbei von Produktion und Handel mit den abhängigen Ländern.

Die Länder der kapitalistischen Zentren, die seit Jahrhunderten gewachsen und expandiert sind, können sich riesige Mengen an Reichtum aus der ganzen Welt aneignen. Sie sind die Hauptkäufer für Waren aus der Peripherie, besitzen Verkaufsmonopole und können einseitige Handelsbarrieren errichten. Ein Großteil der Rohstoffe und landwirtschaftlichen Produkte, wie Obst, stammt heute aus den Ländern der Peripherie. Das hat seine Wurzeln im Kolonialismus, als die ›westlichen‹ Staaten die Wirtschaft anderer Länder nach ihren eigenen Bedürfnissen umgestalteten.[85] Die kolonisierten oder teilweise kolonisierten Länder richteten ihre Wirtschaft einseitig auf die Bedürfnisse der Kolonialstaaten aus und mussten selbst lebenswichtige Produkte importieren, die sie zuvor noch produziert hatten. Der Imperialismus des 20. Jahrhunderts griff dieses Erbe auf und bekämpfte gewaltsam jeden Versuch, dieser Monokultur zu entkommen.[86]

Die von dir skizzierten Strukturanpassungsprogramme in der zweiten Hälfte des 20. Jahrhunderts haben jeden Versuch einer aktiven Industrialisierung der eigenen Wirtschaft zunichtegemacht und die Länder wieder auf die Rolle als Lieferant für Rohstoffe und landwirtschaftliche Produkte zurückgeworfen. Die staatlichen Strukturen, die durch diese neoliberalen Programme verschlankt wurden, sind heute oft zu schwach und unterfinanziert, um eine Umstrukturierung der Wirtschaft voranzutreiben.

Hinzu kommt die Marktmacht der reichen kapitalistisch geprägten Staaten, mithilfe derer diese niedrige Preise durchsetzen können. Die von neoliberalen Regierungen in den peripheren Ländern abgeschlossenen Freihandelsabkommen bieten zwar sichere Einnahmequellen, aber sie legen diese Länder auch auf ihre Rolle als Zuliefererstaaten fest. Wenn zum Beispiel ein peripheres Land verspricht, eine bestimmte Menge Kupfer gegen industriell verarbeitete Produkte von den Vereinigten Staaten von Nordamerika zu tauschen, wird die Zukunft der Kupferproduktion für die Dauer des Vertrages ›gesichert‹. Weil die industriell gefertigten Produkte aber teurer für die peripheren Länder sind und die imperialistischen Länder die Hauptabnehmer für Kupfer sind, werden solche Abkommen zu ungleich schlechteren Entlohnungen für die peripheren Länder führen.

Der Schutz des geistigen Eigentums verschärft diese Situation weiter. Während die imperialistischen Länder durch billige Rohstoffe und wissenschaftliche Entwicklung immer neue Glanzleistungen der Produktivkräfte erzielen können, sind die peripheren Länder durch diesen Schutz davon abgeschnitten. Sie bleiben weiterhin auf die arbeitsintensiven Tätigkeiten des Primärsektors – also insbesondere des Rohstoffabbaus und der Landwirtschaft – festgelegt und konkurrieren dabei untereinander, was sie in eine Preisspirale nach unten bringt.[87]

Die Regelwerke der Weltwirtschaft schreiben die Unterordnung der peripheren Länder weiter fest. Die Regeln gegen die ›Diskriminierung‹ ausländischer Investoren führen dazu, dass die gezielte Förderung der eigenen Wirtschaft ausbleibt, weil ausländisches Kapital den gleichen Anspruch auf Förderung hat.[88] Während reiche Staaten zwischen Strafe und möglichen Gewinnen abwägen können, können wirtschaftliche Sanktionen für periphere Staaten zum Kollaps führen.

Wie immer, wenn wir durch Marx' Augen blicken, dreht sich hier alles um Arbeitszeit und Reichtum. Die ungünstigen Handelsbeziehungen führen dazu, dass periphere Staaten im Verhältnis mehr Arbeit leisten müssen, um gleich am weltweiten Reichtum teilzuhaben. Jeder Tausch auf dem globalen Markt bedeutet eine versteckte Aneignung von Arbeitszeit: Die imperialistischen Länder eignen sich unter der Hand billige Arbeitszeit an und können so viel mehr importieren, als es ohne diese ungünstigen Handelsbedingungen möglich wäre.

Lea: Reiche, industrialisierte Staaten haben durch ihre ökonomische Macht und als wichtige Absatzmärkte enormen Einfluss auf die Weltwirtschaft. Du beschreibst sehr gut, wie internationale Regelwerke, insbesondere die der *Welthandelsorganisation* (WTO), es ihnen ermöglichen, diese Marktmacht auch zu nutzen. Ärmere Länder haben durch die Pflicht zum Schutz geistigen Eigentums, zur Nichtdiskriminierung ausländischen Kapitals und Freihandelsabkommen kaum die Möglichkeit, sich dieser Marktmacht nicht zu beugen.

Neben dem Handel besteht aber auch eine Abhängigkeit auf finanzieller Ebene.[89] Das bezieht sich auf Investitionen und Kredite. Wir haben bereits über Verschuldungskrisen und die Rolle von Strukturanpassung gesprochen, die beide mit finanzieller Abhängigkeit zu tun haben. Das sind Extrembeispiele. Denn auch in Nichtkrisenzeiten sind periphere Länder auf Kapitalflüsse angewiesen.

Aufgrund des einseitigen Fokus auf den Export von Primärgütern fehlen oft die wirtschaftlichen Dynamiken in den Ländern, um ohne Kapitalflüsse von außen zu funktionieren. Das nationale Kapital ist oft zu schwach, um große und langfristig angelegte Projekte wie etwa Bergbau zu finanzieren. Solche Investitionen können daher meistens nur transnationale Konzerne tätigen oder die

Staaten selbst, indem sie Kredite aufnehmen. Das Problem bei der Sache ist, dass in beiden Fällen Kapital aus dem Land abfließt: Transnationale Konzerne investieren mit dem Ziel, am Ende mehr Kapital aus den Projekten zu ziehen, also Profite zu machen. Da die Konzerne aber meistens ihren Sitz in reichen Staaten haben, fließen die Profite nicht wieder in die periphere Wirtschaft, sondern sie fließen ab. Die Projekte mögen zwar Gehälter und Steuereinnahmen bringen, aber insgesamt bleibt im Vergleich zu den abfließenden Profiten wenig zurück. Wenn Staaten eigene Investitionen in die Wirtschaft tätigen wollen, entweder aus dem Wunsch, den Rohstoffsektor stärker zu kontrollieren oder zur Industrialisierung der Wirtschaft, müssen sie Kredite aufnehmen. In diesem Fall bleiben die Gewinne aus der Produktion zwar im Land, aber die Kredite müssen zurückgezahlt werden – oft zu saftigen Zinsen. Da ärmere Staaten als riskantere Anlage gelten, sind die Zinsen für diese teils so hoch, dass sie in vielen Ländern den größten Teil aller Staatsausgaben ausmachen. Das Geld fehlt dann zum Beispiel für soziale Ausgaben.

Gleichzeitig muss bedacht werden, dass Länder und vor allem Regierungen der Peripherie nicht einheitlich sind. Auch dort gibt es auseinanderklaffende Interessen von arbeitenden oder subsistenzbetreibenden Menschen und der nationalen Bourgeoisie, die teilweise mit ausländischem Kapital konkurriert und teilweise von diesem mitprofitiert. Nicht jede Regierung muss zu neoliberalen Programmen gezwungen werden und häufig schließen die Regierungen gerne Freihandelsabkommen und Steuerausnahmen ab. Die Gründe dafür sind vielfältig und individuell, wie wir es von politischen Kämpfen hierzulande kennen. Teils sind die Regierungen Teil der nationalen Bourgeoisie, die zum Beispiel kulturelle Elemente oder Patriotismus nutzen, um gewählt zu werden. Prominent sind dafür Präsidenten wie Jair Bolsonaro aus Brasilien oder Javier Milei aus Argentinien. Teils gibt es einen Putsch gegen sozial ausgerichtete Regierungen, wie es beim peruanischen Präsidenten Pedro Castillo der Fall war, der von rechts gestürzt wurde. In anderen Fällen gab es sogar Verstrickungen ausländischer Geheimdienste und Militärs. Einige Regierungen haben es aber über Jahrzehnte geschafft, Auflagen von außen und Abkommen zu vermeiden und sozialstaatliche Maßnahmen wie auch die nationale Produktion so weit wie möglich aufrechtzuerhalten. Wenn wir aber die Strukturen betrachten, sehen wir, dass die meisten Staaten der Peripherie sich langfristig den Regeln der Weltwirtschaftsordnung beugen, durch eine neoliberale oder rechte Regierung, durch militärische Intervention oder einfach aufgrund der großen finanziellen Abhängigkeit und die Marktmacht der Staaten des imperialistischen Zentrums.

Yannic: Das zeigt dann auch, wie eng die wirtschaftliche Dynamik mit der Politik verbunden ist: Auf nationaler Ebene sichert der imperialistische Staat beispielsweise die Grenzen, damit möglichst wenig Menschen aus Ländern mit niedrigen Löhnen in Länder mit hohen Löhnen wandern können. Innerhalb des Landes haben rassifizierte Bevölkerungsgruppen einen niedrigeren Status, damit deren Lohn auch innerhalb der Landesgrenzen niedrig gehalten wird. Auf internationaler Ebene bilden Handelsregeln, Freihandelsabkommen und ein ganzes Netz an politisch festgeschriebenen Produktions-, Handels- und Finanzverhältnissen, das die ungleiche Struktur stabilisiert.

Gleichzeitig profitiert der imperialistische Staat mit: Tony Norfield hat darauf hingewiesen, dass ein zentraler Teil des Wertes der importierten Waren in Form von Steuern an den imperialistischen Staat geht: Von einem T-Shirt, das in Deutschland für 4,95 € bei H&M verkauft wird, gehen 1,35 € an den Hersteller in Bangladesch. Die restlichen 3,54 € erscheinen in Deutschland als hinzugefügter Wert, obwohl hier nichts mehr an dem T-Shirt gemacht wird. Die Wertschöpfung geschieht ganz aus dem Nichts und zählt zum deutschen Bruttoinlandsprodukt. 0,79 € des T-Shirts gehen in Form der Mehrwertsteuer von 19 % an den deutschen Staat. Damit können verschiedene Ausgaben innerhalb des Landes gedeckt werden.[90] Das alles nur, weil das T-Shirt unter Wert aus Bangladesch gekauft wird und hier wie magisch ›an Wert gewinnt‹ – Wert, der eigentlich vorher woanders hergestellt wurde. Was macht dieses System mit uns als Arbeiter*innen und Konsument*innen in Deutschland?

Lea: In den Ländern des imperialistischen Zentrums hat sich eine Arbeiter*innenklasse herausgebildet, die zwar weiterhin von den Kapitalist*innen ausgebeutet wird, aber gleichzeitig von der (noch größeren) Ausbeutung in den Peripherien mitprofitieren kann. Das geschieht durch günstige Preise von importierten Waren, die eine Art Klassenkompromiss zwischen den Kapitalist*innen und der westlichen Arbeiter*innenklasse darstellen. Natürlich trifft das nicht auf alle Arbeitenden in westlichen Ländern zu, denn auch hier gibt es viele Menschen, die unter extrem prekären Bedingungen arbeiten und kaum über die Runden kommen – das betrifft in besonderem Maße rassifizierte Menschen. Der Trend seit den 2000er-Jahren geht sogar in Richtung weiterer Prekarisierung und eines Abbaus der wenigen Errungenschaften der Arbeitenden. Der Lebensstandard kann dann teilweise nur durch die geringen Preise aus Überausbeutung in anderen Ländern gehalten werden. Es gibt aber einen Interessenwiderspruch: Menschen aus der etablierten Arbeiter*innenklasse in Deutschland, die eine Festanstellung mit einem gesicherten Einkommen und vielleicht sogar Tarifbindung haben, profitieren teilweise von der günstigen Arbeit migrantisierter Menschen, die notwendige, aber gleichzeitig unterbezahlte Arbeiten wie die Reinigung von Toiletten übernehmen. Sie profitieren auch von den niedrigen Preisen importierter Produkte, die unter extrem ausbeuterischen Bedingungen hergestellt wurden. Auf den ersten Blick scheint es also, dass sie durch eine gerechtere Welt und den Abbau von Rassismus an Lebensstandard verlieren würden, wenn Produkte und für die Gesellschaft notwendige Arbeiten teurer würden. Eine intuitive Reaktion ist daher, Rassismus und ungleichen Handel entweder gut zu heißen, zu rechtfertigen oder einfach zu ignorieren und sich auf eigene Wohlstandszugewinne zu konzentrieren. Das ist ein pragmatischer und opportunistischer Ansatz in einer kapitalistischen Sozialdemokratie.

Die Grundannahme hinter diesem Denken ist, dass die Gewinne der Unternehmen unangefochten bleiben und sowieso gemacht werden. Anstatt die Produkte teurer zu machen, könnte der Lohn aber auch durch eine Verringerung der Gewinne ausgeglichen werden. Im Kapitalismus scheinen solche Ideen aber so abwegig und idealistisch zu sein, dass einige Menschen lieber an einer strukturell rassistischen Arbeitsteilung festhalten möchten. Denn die Profite der Kapitalist*innen bleiben unangefochten. Sie profitieren sowohl von der Ausbeutung der hiesigen Arbeitenden – wenn auch weniger – als auch von der Ausbeutung der Arbeitenden in der

Peripherie. Gerade jetzt, wo auch die westliche Arbeiter*innenklasse wieder zunehmend ins Prekariat gedrängt wird, sollten wir erkennen, dass wir deutlich mehr mit den Arbeitenden in der Peripherie gemeinsam haben als mit den deutschen Kapitalist*innen.

Yannic: Die Auswirkungen auf die Arbeiter*innenklasse gehen auch in eine andere Richtung. Selbst wenn Menschen in imperialistischen Ländern sich für die Belange anderer Länder einsetzen möchten, geschieht das innerhalb des Rahmens der imperialistischen Beziehung. In ihrem Essay *Can the Subaltern Speak?*[91] kritisiert die Literaturwissenschaftlerin Gayatri Chakravorty Spivak, inwiefern die Anliegen der untersten Klassen in den Peripherieländern tatsächlich ausgedrückt und gehört werden können. Sie meint, dass die Menschen in ehemals kolonisierten Ländern, obwohl sie eine vielfältige Gruppe mit unterschiedlichen Erfahrungen sind, in der ›westlichen‹ Perspektive zu einem einheitlichen Block zusammengefasst werden. Anstatt anzuerkennen, dass die ›Verdammten dieser Erde‹ unterschiedliche Lebenserfahrungen haben, werden sie vereinheitlicht betrachtet. Gerade für die untersten Schichten in diesem Block bedeutet das, dass sie in dieser Wahrnehmung unsichtbar sind. Nicht zuletzt fehlt ihnen schlicht die Sprache und die Möglichkeit, sich auszudrücken, beispielsweise aufgrund von Analphabetismus, und erst recht fehlen ihnen die Kontakte und der Zugang zu globalen Diskursen. Wenn ihre Perspektiven mit in ›westliche‹ Debatten einbezogen werden, dann werden ihre Stimmen für die Überzeugungen beispielsweise der Reporter*innen instrumentalisiert. Unsere Beziehung zu den Peripherieländern wird hauptsächlich von den Stimmen derjenigen geprägt, die nicht am untersten Ende ums Überleben kämpfen, sondern Zeit und Möglichkeiten haben, ihre eigenen Bedürfnisse zu äußern. Dadurch ist unsere Beziehung zu den Peripherieländern nicht nur auf wirtschaftlicher, sondern auch auf kultureller Ebene stark verzerrt. Der ›Westen‹ wählt Sprecher aus dem vermeintlich einheitlichen Block der Menschen in der Peripherie aus, die als ›koloniale Subjekte‹ bezeichnet werden. Diese gehören oft selbst zur Elite ihrer Gruppe und können nur deshalb in das Bild des ›Westens‹ integriert werden, weil sie der Ersten Welt zugänglich sind und ihre Ansichten in die Politik der imperialistischen Länder integrierbar sind. Auch die Diaspora spielt dabei eine wichtige Rolle. Die Tatsache, dass sie sich auf eine für die imperialistischen Zentren verständliche Weise ausdrücken können, beweist nach Spivak, dass sie nicht für die Subalternen, die untersten Schichten, sprechen. Daher können die Subalternen nach Spivak auch nicht sprechen, da wir sie immer schon vor dem Hintergrund unseres eigenen Weltbildes, unserer vermittelten Kultur und nationalen Politik verstehen. Im schlimmsten Fall führt das dazu, dass die Auseinandersetzung mit den Menschen in der Peripherie die imperialistische Politik ideologisch unterstützt. Die Bevölkerung unliebsamer oder gegen die imperialistische Politik aufbegehrender Staaten wird dann wahrgenommen, als müsste man sie von den ›verbrecherischen Regimen‹ befreien.

Lea: Trotzdem sind selbst die etablierten und unanfechtbar scheinenden globalen Strukturen, Regeln und Rassismen immer in einem Prozess der Veränderung. Die Weltordnung hat sich im Laufe der Zeit oft gewandelt: vor dem Kolonialismus, in den verschiedenen Phasen des Kolonialismus, während der Unabhängigkeitskämpfe, in der nachkolonialen Zeit des sogenannten Bretton-Woods-Systems, in dem der Dollar zur globalen Leitwährung wurde, während des Kalten Krieges und jetzt in der neueren Phase des Neoliberalismus.

Aktuell befinden wir uns in einer Zeit des Wandels, in der die vorher etablierte unipolare Weltmachtposition der USA in Frage gestellt wird. Die EU hat sich als ein eigenständiger Akteur etabliert, wenn er auch im Kontext imperialistischer Politiken meist gemeinsam mit den USA auftritt. Vor allem aber fordert Chinas wachsende ökonomische Größe die Vormachtstellung der USA heraus. Zusammen mit anderen aufstrebenden Staaten,[92] die nicht zu den typischen westlichen Großmächten gehören, stellt China die aktuelle Weltordnung auf verschiedene Weisen in Frage. China ist einerseits ein Konkurrent für die USA und andere westliche Staaten. Andererseits gibt es auch eine Systemkonkurrenz, weil China nicht auf dem westlichen Prinzip der kapitalistisch verstandenen und auf Repräsentation durch Parteien basierenden Demokratie beruht und die Wirtschaft staatlich gelenkt wird, auch wenn sie nach marktwirtschaftlichen Prinzipien funktioniert.

Für die Länder der Peripherie hat das mehrere Auswirkungen. Einerseits tritt mit China ein weiteres Land auf den Radar, zu dem sich Abhängigkeiten entwickeln. Denn chinesische transnationale Konzerne verfolgen ähnliche Ziele wie ›westliche‹ Unternehmen. Viele Kredite fließen inzwischen aus China in die Länder der Peripherie. Das grundlegende Problem der handelsbasierten und finanziellen Abhängigkeit bleibt also bestehen. Trotzdem bietet eine multipolare Welt für abhängige Länder etwas bessere Voraussetzungen als ein unipolares Weltsystem. Die geteilte Macht ermöglicht es Staaten der Peripherie, in gewissem Maße zwischen Partnerländern zu wählen und erhöht dadurch ihre eigene Marktmacht.

Wenn reiche Staaten um die Sicherung von Primärgütern konkurrieren müssen, gewinnt ein Land der Peripherie mehr Verhandlungsmacht. Bei mehreren großen Geldgebern können wirtschaftliche oder finanzielle Sanktionen besser abgefangen werden, sodass weniger ökonomischer Druck auf ein Land ausgeübt werden kann. Gleichzeitig wenden sich viele Länder der globalen Peripherie in den letzten Jahren von neoliberalen Glaubenssätzen ab und versuchen sich wieder an aktiver Industrie- und Infrastrukturpolitik. Der ›Washington Consensus‹, der davon ausging, dass neoliberale Wirtschaftspolitik zu umfassendem Wohlstand führen würde, scheint überholt zu sein, und Chinas Wirtschaftspolitik wird als ein Beispiel dafür wahrgenommen. Unabhängig davon, wie sich Chinas Rolle in der Weltpolitik weiterentwickeln wird und wie wir sie bewerten, bietet (friedliche) Multipolarität auch eine Chance für periphere Staaten, etwas mehr Autonomie zu erlangen.

Yannic: Auf der anderen Seite bringen die von dir genannten Entwicklungen aber auch Gefahren für die aktuelle Weltordnung mit sich. Die aktuellen Hegemonen unserer Weltwirtschaft und Weltpolitik, an erster Stelle die Vereinigten Staaten von Nordamerika, aber auch die Europäische Union, Großbritannien, Australien, Kanada und Japan, betrachten den Aufstieg des chinesischen Alternativmodells zu Recht als Bedrohung für ihre eigene Vorherrschaft. Es entsteht ein ganzes Sammelsurium an Falschinformationen, ideologischen Frontstellungen und Vorbereitungen auf eine militärische Konfrontation. Im Laufe der Geschichte hat der Kapitalismus verschiedene Länder an die Spitze der Weltwirtschaft gebracht, wobei die Übergänge teils mit großen Katastrophen für die Menschheit einhergingen. Auch historisch waren die Übergänge von einer hegemonialen Macht zur nächsten oft von kriegerischen Auseinandersetzungen geprägt.

In diesen Zeiten ist es von großer Bedeutung, dass die Bevölkerung der konkurrierenden Länder sich nicht dem Kriegsgetrommel hingibt, sondern auf Verständigung hinarbeitet.[93] Es handelt sich letztlich um einen Systemkonflikt, der nur durch das Handeln der politischen Vertreter*innen zu einem zweiten Kalten Krieg geführt wird. Für die arbeitende Bevölkerung gibt es in diesem Konflikt keinen Sieg zu erringen, sondern nur für die kapitalistische und politische Elite, die an einem ungerechten Weltsystem festhalten möchte, dessen einziger Vorteil ist, dass es sie an die Spitze setzt.

Abseits der Schlagzeilen und Spiegel-Bestseller ist eine entspannende und nicht empörte Haltung angebracht. Als Erziehungswissenschaftler sehe ich die ideologische Verklärung als besonders tragisch, weil sie uns die Möglichkeit einer selbstbestimmten und klaren Bildung nimmt. Die ideologisch geprägten Quellen und Berichte, die uns zur Verfügung stehen, verhindern eine unvoreingenommene Auseinandersetzung mit der aktuellen Lage der Weltwirtschaft und des Weltsystems. Situationen des Kalten oder Heißen Kriegs verstärken diese Situation der Unmöglichkeit von Bildung und machen uns zu Gefäßen der Ideologie eines vorbereiteten Krieges, anstatt uns die Möglichkeit einer wissenschaftlich fundierten Weltsicht zu eröffnen.

Kapitalismus als ökologische Krise

Lea: Der Kapitalismus ist geprägt von verschiedenen Krisen: zyklische Wirtschaftskrisen, soziale Krisen aufgrund von Ungleichheiten und Ausbeutung sowie ökologische Krisen. Mit der Klimakrise, die jedes Jahr weiter voranschreitet, wird das ganz besonders deutlich. Sie ist ein drastisches Beispiel, weil sie unser menschliches Leben auf der Erde existenziell bedroht.

Der Zusammenhang zwischen der Klimakrise und dem Kapitalismus wird offensichtlich, wenn man sich die Entwicklung klimaschädlicher Emissionen ansieht.[94] Diese sind vor allem seit dem Beginn des Industriezeitalters stark angestiegen. Anfangs war den Menschen noch nicht bewusst, welche Auswirkungen die Verbrennung fossiler Energien hat. Doch im 19. Jahrhundert begannen die ersten Naturwissenschaftler*innen die Wirkung von Kohlenstoffdioxid (CO_2) auf die Atmosphäre zu untersuchen und den Treibhauseffekt nachzuweisen.[95] Spätestens in den 1970er-Jahren war die Wirkung der von Menschen ausgestoßenen Emissionen auf das Klima wissenschaftlich nicht nur anerkannt, sondern Studien begannen auch herauszustellen, welche verheerenden Folgen eine Klimaveränderung haben kann.[96]

1992 wurde der daraus resultierende Handlungsdruck auch auf der internationalen politischen Bühne anerkannt: Auf dem sogenannten *Umweltgipfel* in Brasilien wurde die Klimarahmenkonvention verabschiedet, in der sich die Staaten verpflichten, eine »gefährliche anthropogene Störung des Klimasystems«[97] zu verhindern. Seitdem finden jährliche internationale Klimakonferenzen statt, auf denen über Regelungen und Maßnahmen diskutiert wird. Diese Konferenzen werden oft kritisiert: In mehr als 30 Jahren Verhandlungen wurde das Eintreten der Klimakrise nicht verhindert. Wir sind jetzt gerade in einer Phase, in der die Folgen beginnen, deutlich zu werden.

Die Kritik sollte sich meiner Meinung nach aber nicht gegen die Verhandlungen an sich richten, denn sie haben zumindest einen gewissen internationalen Druck erzeugt. Das eigentliche Problem liegt darin, dass auf den Konferenzen nach Lösungen *innerhalb* des bestehenden Systems gesucht wird. Die Maßnahmen sind nicht nur verträglich mit dem globalen Kapitalismus, sondern sollen ihn bestenfalls noch stützen. Wenn wir die Klimakrise wirklich lösen wollen, müssen wir schneller voranschreiten – und zwar nach dem Motto: There is no Planet B.

Der Kapitalismus hat die Krise verursacht, wie sollte er sie bewältigen? Aber das ist nicht alles: Die Klimakrise ist nur *eine* von vielen ökologischen Krisen, die durch die kapitalistische Wirtschaftsform entstanden sind. Dazu zählen der globale Biodiversitätsverlust bzw. das Artensterben. Ebenso gehört dazu die enorme Produktion von Plastik, das in den Ozeanen, in Tiermägen und sogar in unserem eigenen Körper landet. Auch die Überfischung, die Gas- und Ölverschmutzungen sowie der Verlust oder die Verunreinigung von Grundwasservorräten gehören dazu. Das Problem liegt nicht allein in der Klimakrise, sondern darin, dass der Kapitalismus systematisch solche Krisen hervorruft. Der Kapitalismus beruht auf einem Verhältnis zwischen Menschen und Natur, bei der die Natur zum Zweck des Profits genutzt werden kann. Wenn wir nicht ständig neue ökologische Krisen verursachen wollen, müssen wir an diesem Verhältnis etwas ändern.

Yannic: Menschen neigen dazu, ihre eigene historische Situation als absolut anzusehen. Im Kapitalismus wird dieses Phänomen verstärkt, weil er durch die ökonomischen Zwänge als die einzige natürliche und mögliche Wirtschaftsform dargestellt wird, die weniger politischen Zwangs bedarf. Als Reaktion auf die Umweltzerstörung im kapitalistischen System entsteht in vielen Köpfen der Wunsch, ›zur Natur zurückzukehren‹ und eine ›natürliche Beziehung‹ zwischen Mensch und Natur herzustellen, um das aktive und besitzergreifende Verhalten der Menschen gegenüber der Natur zu vermeiden. Doch wenn der Mensch das »ensemble der gesellschaftlichen Verhältnisse«[98] ist – also durch die unterschiedlichen, historisch verschiedenen Verhältnisse in Gesellschaften geprägt wird –, kann von einer natürlichen oder stabilen Beziehung zwischen Mensch und Natur nicht gesprochen werden. Unsere Beziehung zur Natur wird immer von den aktuellen gesellschaftlichen Verhältnisse, von unserer (Re-)Produktionsform, von den kulturellen und politischen Beziehungen geprägt. Wenn man nicht den Fehler machen möchte, frühere Zustände als ›natürliche Verhältnisse‹ anzusehen, nur weil sie früher in der Geschichte existierten, kann keinem dieser durch den gesellschaftlichen Kontext vermittelten Verhältnisse eine besondere Stellung zugesprochen werden.

Trotzdem gibt es einige grundlegende Fakten, die wir beachten sollten: Aus materialistischer Sicht ist der Mensch durch und durch ein Wesen der Natur. Wir sind aus der Natur entstanden und alles, einschließlich unseres Denkens, ist materiell gegeben. Trotzdem nehmen wir eine besondere Stellung auf der Erde ein, weil wir eine reflektierende und bearbeitende Beziehung zur Natur haben. Das bedeutet, dass wir die Natur um uns herum nicht nur bearbeiten (müssen), um unser Überleben zu sichern, sondern dass wir auch unser Bearbeiten und uns selbst im Prozess des Bearbeitens reflektieren. Die Natur ist dabei nicht per se ein freundlicher Ort. Neben Wundern wie warmen Temperaturen, frischer Luft und Wasserfällen stellt sie uns auch vor Herausforderungen wie Viren, schädliche Bakterien, Umweltkatastrophen, potenzielle Fressfeinde und Nahrungsmangel. Die Natur ist also nicht nur etwas, das wir genießen und mit dem wir uns bloß richtig anfreunden müssen, sondern auch eine Sphäre, mit der der Mensch umgehen muss. Um zu überleben, setzt sich der Mensch mit der Natur auseinander, formt Teile davon um und eignet sie sich an. Es gibt also keine natürliche Beziehung, sondern wir müssen künstlich diese Beziehungen schaffen, um unser Leben zu sichern.

Lea: Richtig. Menschen sind selbst Teil dessen, was wir als Natur bezeichnen. Die Vorstellung, dass Natur und Mensch etwas Gegensätzliches sind, stammt aus einer Zeit, in der davon ausgegangen wurde, dass Menschen von Gott als überlegene Spezies geschaffen wurden und daher Natur ›beherrschen‹ sollten.

Menschen und Natur bilden aber einen gemeinsamen Stoffwechselprozess: Wir konsumieren Naturprodukte, verarbeiten sie und scheiden selbst Abfallprodukte aus, die wieder in die Natur gelangen. Das machen Menschen, seit es sie gibt, sie haben daher die Natur maßgeblich mitgeformt. Die oft idealisierte ›Natur ohne Menschen‹ gibt es also, seit es Menschen gibt, nicht mehr.

Eine ›menschenleere Natur‹ braucht auch nicht idealisiert zu werden, denn sie ist ein harter Überlebenskampf für jedes einzelne Lebewesen, von der Pflanze bis zum Raubtier. Die Natur folgt keinen moralischen Prinzipien. Sie ist ein Ökosystem mit eigenen Gesetzen und wir Menschen sind ein Teil davon. Was moralisch gut oder schlecht ist, das sind menschliche Kategorien. Wir Menschen projizieren unsere Moral erst in die Natur hinein.

Wir Menschen haben nicht nur die Fähigkeit, über Moral in Bezug auf Natur zu diskutieren. Wir sind auch an einen Punkt der gesellschaftlichen Entwicklung gelangt, an dem wir die Möglichkeit haben, darüber zu entscheiden, wie wir den Stoffwechselprozess zwischen Menschen und Natur gestalten wollen. Dieser Prozess hat sich über menschliche Gesellschaftsformen hinweg stark verändert.

Verschiedene Gesellschaften beruhen in unterschiedlichem Maß auf Naturaneignung: Eine Gesellschaft, die durch Sammeln und Jagen überlebt, könnte unbeabsichtigt dazu beitragen, dass bestimmte Tierarten aussterben. Eine Gesellschaft, die Landwirtschaft betreibt, beeinflusst das Genom von Tier- und Pflanzenarten durch Zucht. Eine Gesellschaft, die Maschinen einsetzt, benötigt Material und Energie, die aus Kohle, Sonnenenergie oder Kernreaktionen gewonnen werden können.

Was ist also das Besondere am kapitalistischen Verhältnis zur Natur? Das Problem ist nicht, *dass* Menschen in einem Stoffwechsel mit der Natur stehen. Löwen jagen Tiere und manche Pflanzenfresser können bestimmte Pflanzen ausrotten, wenn es keine natürlichen Feinde gibt. Das ist alles ein Kreislauf. Das Besondere am kapitalistischen Naturverhältnis ist, dass diese Aneignung von Natur sowohl von gesellschaftlich gewünschter Gestaltung als auch von den Bedürfnissen der Mehrheit der Menschen entkoppelt ist. Dabei wären wir in der Lage, eine bewusste und bedürfnisorientierte Beziehung zwischen Gesellschaft und Natur zu schaffen. Im Kapitalismus gibt es keine Grenzen für die Aneignung von Natur. Dazu leiden vor allem diejenigen Menschen darunter, die nicht von dieser Aneignung profitieren, aber die Folgen tragen müssen.

Yannic: Wie beeinflusst die kapitalistische Wirtschaftsform unser Verhältnis zur Natur? Wenn eine Gesellschaft den Fokus auf die Anhäufung von Kapital und Profit legt, welche Auswirkungen hat das auf unsere Beziehung zur Natur?

Lea: Die kapitalistische Wirtschaftsform unterscheidet sich von anderen Produktionsweisen dadurch, dass Kapital eingesetzt wird, um am Ende mehr Kapital anzuhäufen. Private Produzent*innen lassen produzieren, um Profit zu machen. Das ist insofern eigentümlich, weil dabei der Ausgangspunkt für die gesellschaftliche Produktion nicht die Bedürfnisse der Menschen bzw. der Gesellschaft sind.

Marx schreibt, dass der gesellschaftliche Reichtum aus Natur und Arbeit entsteht. Diese beiden Faktoren sind verantwortlich für die Herstellung von Gebrauchswerten für Menschen.[99] Allerdings kann aus der verfügbaren Natur selbst kein Profit geschlagen werden. Luft zum Beispiel ist so breit verfügbar, dass sie nicht verkauft werden kann. Der Gebrauchswert von Naturprodukten existiert ohne Kapitalist*innen.

Aus menschlicher Arbeit können die Kapitalist*innen aber Profit schlagen. Grundlage für menschliche Arbeit ist, dass etwas bearbeitet wird. Hier kommt Naturaneignung ins Spiel: Verfügbare Naturstoffe selbst können dann ein Mittel zur Mehrwertproduktion sein, wenn sie bearbeitet werden. Wenn Menschen Rohstoffe abbauen, Lehm zu Ziegeln formen oder Maschinen mit Sonnenenergie betreiben, werden Naturprodukte zu Mitteln für die Profitproduktion und Anhäufung von Kapital. Natur wird im Kapitalismus als frei verfügbar betrachtet, als ›gratis Geschenk‹ für das Kapital, das angeeignet oder verschmutzt werden kann.[100]

Naturprodukte werden also in den Kapitalkreislauf einverleibt und für die profitorientierte Produktion genutzt. Ich habe schon beschrieben, dass Produktion immer in gewissem Maße auf Naturstoffe angewiesen ist, weil wir Menschen Teil eines Stoffwechselprozesses mit unserer Umwelt sind. Im Kapitalismus wird das jedoch zum Problem, weil die Nutzung der Natur in keinem vernünftigen Verhältnis zu den Bedürfnissen der Menschen steht. Im Gegenteil, die Nutzung von Natur geht im Kapitalismus sogar auf Kosten der Menschen: Die Luft wird verschmutzt, Wasser wird verseucht, Pestizide verursachen Krankheiten, Mikroplastik gelangt in unsere Körper, Menschen werden für Rohstoffabbau vertrieben und verlieren ihren Lebensraum. Natur wird im Kapitalismus als Mittel zur Profitgenerierung angeeignet, was Übernutzung, Verschmutzung und zahlreiche weitere Folgen für den Planeten, die Vegetation, Tiere und Menschen provoziert.

Yannic: Der Kapitalismus kennt also kein Gleichgewicht, es sei denn, es wird ihm von außen aufgezwungen. In einer kapitalistischen Wirtschaftsform steht der Profit an erster Stelle. Sowohl einzelne Kapitalist*innen durch die Konkurrenz als auch die gesamte Wirtschaft sind darauf angewiesen, dass das Kapital ständig vermehrt wird, um nicht in die Krise zu geraten. Einzelne Unternehmer*innen, Manager*innen und Aktionär*innen haben ein Interesse daran, dass ihr Unternehmen im Wettbewerb besteht. Dafür brauchen sie ausreichend Profit, um in Bereichen wie Technologie oder Produktinnovationen mit anderen Unternehmen mithalten zu können. Die Sorge um ökologische Nachhaltigkeit tritt hier in zwei Formen auf: bei kleineren Unternehmen, die keine bedeutende Rolle in der Branche spielen, aber auch beim ›Greenwashing‹. Unternehmen sehen sich gezwungen, sich als nachhaltig zu präsentieren, um Kund*innen mit Nachhaltigkeitsbewusstsein anzusprechen. Weil das aber hauptsächlich auf der Marketingebene stattfindet und der Wettbewerb weiterhin besteht, entsteht ein Widerspruch zwischen beworbener und tatsächlicher Nachhaltigkeit.

Natürlich können auch Einzelpersonen, die in diesem System agieren, ein Interesse an Nachhaltigkeit haben. Es gibt aktuell viele Unternehmer*innen, die sich privat oder in Vereinen dafür einsetzen, dass unsere Wirtschaft nachhaltig gestaltet wird. Das geschieht nicht nur aus Imagegründen, sondern zeigt auch, dass die kapitalistische Klasse sich der Probleme des Kapitalismus bewusst ist. Sie fordern von der Politik, der Wirtschaft Grenzen zu setzen, weil der unregulierte Wettbewerb einen Teufelskreis erzeugt, der, wenn überhaupt, nur von ›außen‹ durchbrochen werden kann. So eine Regulierung von außen ist aber fragil: Solange der Kapitalismus besteht, bleibt jedes Gleichgewicht und jede Regulierung instabil und wird in Krisenzeiten durch den Einfluss der kapitalistischen Klasse und die Abhängigkeit unserer gesamten Wirtschaft von ihnen wieder zerstört.

Zugleich haben wir es mit einer Gesamtwirtschaft zu tun, in der alle Menschen vom Wachstum des Kapitals abhängig sind: Die kapitalistische Klasse, um ihren einzigen Zweck zu erfüllen; die arbeitenden Menschen, um weiterhin beschäftigt zu bleiben; die nicht für das Kapital arbeitenden Menschen, wie zum Beispiel im öffentlichen Dienst, um durch generierte Steuern Lohn zu erhalten und die arbeitslosen oder arbeitsunfähigen Menschen, weil sie über die Beiträge der arbeitenden Bevölkerung Geld erhalten. Die Natur wird von dieser Wirtschaft als Mittel betrachtet, um das Kapitalwachstum durch den Einsatz von Rohstoffen zu sichern. Je günstiger, desto besser.

Lea: Wirtschaftswachstum ist das zentrale Ziel der kapitalistischen Wirtschaftsform, vermutlich sogar das oberste volkswirtschaftliche Ziel. Das Bruttoinlandsprodukt (BIP) dient nicht umsonst als Indikator und beeinflusst das politische Handeln maßgeblich. Es ist erst einmal nicht falsch, den gesellschaftlichen Wohlstand zu erhöhen. Allerdings liegt ein Problem im kapitalistischen Wachstum selbst. Es ist in erster Linie Selbstzweck und dient nicht dem Zweck des gesellschaftlichen Wohlstands. Das BIP misst bloß, wie viel Geld in einer Volkswirtschaft hin- und hergeschoben wird, ohne Aussagen über den Zweck, die Verteilung oder den geschaffenen Wohlstand. Kritiker*innen fordern deshalb einen neuen Wohlstandsindikator, aber das grundlegende Problem liegt tiefer. Das BIP misst genau das, was es messen soll – das Wohlergehen der kapitalistischen Wirtschaftsform. Es geht darum, den Kapitalfluss zu erhöhen, um immer mehr Kapital anzuhäufen. Wachstum kann nicht durch einen neuen Indikator eingehegt werden, sondern ist in der Logik der kapitalistischen Wirtschaftsform enthalten. Kapital wird investiert, um mehr Kapital anzuhäufen, nicht in erster Linie, um zu produzieren. Dieses angehäufte Kapital braucht dann wiederum neue Investitionsmöglichkeiten, um die Kapitalakkumulation fortzusetzen. Wenn das nicht möglich ist, dann entsteht eine Rezession oder eine Krise. Kapitalistisches Wachstum ist daher rücksichtslos gegenüber dem Wohl der Menschen und der Natur, die dafür angeeignet, verschmutzt oder zerstört werden muss. Denn wo produziert wird, wird immer auch ein Stück Natur angeeignet. Selbst Büroarbeit braucht Büroräume, PCs, Laufwerke und ziemlich viel Energie. Im Kapitalismus wird versucht, die Nutzung von Naturprodukten effizienter und nachhaltiger zu gestalten. Dieser Versuch ist richtig, er wird aber nicht ausreichen. Das hat mehrere Gründe: Im Kapitalismus werden alle Wege der Kapitalakkumulation genutzt. Das Kapital sucht immer neue Anlagemöglichkeiten und muss sich somit ausdehnen. Während ein Teil effizienter wird, entsteht ein neuer Wirtschaftsbereich, der auf andere Weise Natur aneignet.

Im Kapitalismus wird erst im Nachhinein reguliert, es gibt keinen politischen Rahmen, der vorab neue Formen der Wirtschaft erforscht und reguliert. Innovation und Konkurrenz stehen im Vordergrund, um Extraprofite zu erzielen. Diese Tendenzen führen dazu, dass Effizienzgewinne und Technologien die ökologischen Widersprüche nicht ausreichend auffangen können. Das Potential von Technologie ist zwar groß, aber bei exponentiellem Wachstum sind Effizienzgewinne nur ein Tropfen auf den immer heißer werdenden Stein. Zudem vertragen sich relative Effizienzgewinne im Kapitalismus nicht mit absoluten Einsparungen. Weniger Energieverbrauch bei der Produktion führt zu freiwerdendem Kapital, was wiederum nicht brach liegt, sondern in mehr Produktion investiert wird. Ähnlich wie Maschinen nicht zur Arbeitszeitverkürzung hergezogen werden, wird Effizienz nicht zur Energieeinsparung genutzt.[101] Das eingesparte Kapital wird genutzt, um mehr Produkte in derselben Zeit zu produzieren. Daher müssen wir uns fragen, welches Wachstum wir wollen – und welches nicht.

Yannic: Das kapitalistische Wachstum wird in breiten linken und linksliberalen Kreisen zunehmend kritisiert. Der Kapitalismus strebt nach grenzenlosem Wachstum um des Wachstums willen, überschreitet jede Schwelle dieses Planeten und treibt damit den Planeten in eine ökologische Krise.

Die Frage, ob mit der Überwindung des Kapitalismus auch das Wachstum überwunden werden muss oder ob das Problem bloß das kapitalistische Wachstum ist, ist schwieriger zu beantworten. Hier sind einige theoretische Hintergründe: Marx und viele nach ihm, einschließlich der realsozialistischen Staaten, verknüpften die Vermehrung des Reichtums und die Entwicklung der Produktivkräfte, also der Mittel zur Produktion, eng mit dem Kampf für Sozialismus und Kommunismus. Der Kommunismus, in dem das Prinzip ›jeder Mensch nach seinen Fähigkeiten, jedem Menschen nach seinen Bedürfnissen‹ gelten soll, setzt einen bestimmten Stand der Produktion und Reproduktion voraus. Es erfordert eine ausreichende Menge an Gebrauchswerten, von denen jede*r nach ›eigenen Bedürfnissen‹ profitieren kann. Außerdem setzt es voraus, dass die technische Grundlage unserer Produktion so weit entwickelt ist, dass »die Arbeit travail attractif, Selbstverwirklichung des Individuums«[102] möglich wird, so dass jede*r entsprechend eigener Fähigkeiten an der Produktion teilnehmen kann. Das war eine der wissenschaftlichen Erkenntnisse von Marx, die ihn von Heilspropheten unterschieden hat: Der Kapitalismus ermöglicht im Gegensatz zu früheren Gesellschaften eine gleichberechtigte Gesellschaftsform, weil er den dafür erforderlichen Reichtum schafft. In früheren Gesellschaften war der gesellschaftliche Reichtum nicht nur ungleich verteilt, sondern auch zu gering, um ein gutes Leben für alle Menschen zu ermöglichen. Ein Übergang zum Sozialismus oder sogar zum Kommunismus auf der Grundlage einer unzureichend entwickelten Produktions- und Reproduktionsbasis birgt die Gefahr, den ›Fehler‹ zu begehen, »den unmittelbaren Übergang zur *kommunistischen Produktion und Verteilung* zu vollziehen«[103], dabei die bestehenden Produktions- und Reproduktionsbedingungen zu überschätzen und letztendlich in einer Situation zu stehen, »dem christlichen Asketismus einen sozialistischen Anstrich zu geben.«[104] Das hätte im Sinne des historischen Materialismus entsprechende Auswirkungen auf das Bewusstsein und die sozialen Beziehungen. Damit möchte ich nicht behaupten, dass der wirtschaftliche Stand in Deutschland oder weltweit dem Stand Europas Mitte des 19. Jahrhunderts oder Russlands nach dem Ersten Weltkrieg entspricht. Gleichzeitig bedeutet die Tatsache, dass aktuell genug Essen für alle Menschen weltweit produziert wird, noch nicht, dass die Produktion von Gebrauchsgütern ein Niveau erreicht hat, das allen Menschen ein gutes Leben ermöglicht und das der Gefahr eines Rückfalls in ungleiche Verteilungsverhältnisse entgegenwirkt. Diese Problematik verschärft sich noch weiter, wenn wir bedenken, dass Produktion und Konsum in Ländern mit entwickelten, komplexen Ökonomien stark eingeschränkt werden müssen, um dem jährlich früher auftretenden Overshoot, also dem (Über-)Verbrauch der aus nachhaltiger Sicht jährlich zur Verfügung stehenden Ressourcen, entgegenzuwirken.

Der Umgang mit der Produktion von Gebrauchswerten und damit auch die Frage des stofflichen Wachstums muss auch für den Sozialismus ausbalanciert werden: zwischen dem Schutz der Umwelt und der notwendigen Sicherung des gesellschaftlichen Wohlstands. Wer zu sehr in das eine Extrem fällt, läuft Gefahr, den Planeten weiter zu zerstören. Wer zu sehr in das andere Extrem fällt, läuft Gefahr, einem utopischen Sozialismus zu verfallen, der die realistische und wissenschaftliche Perspektive auf eine postkapitalistische Gesellschaft aus den Augen verliert. Der Sozialismus wäre dann nur eine politische Entscheidung: die gleiche Verteilung des vorhandenen Reichtums und die gesellschaftliche Kontrolle über Produktion und Reproduktion. Wie siehst du die Möglichkeiten, diese beiden Aspekte zu vereinen: ein angemessenes Wohlstandsniveau einerseits und der Schutz des Planeten andererseits?

Lea: Du hast Recht, eine sozialistische Gesellschaft kann nicht auf der Grundlage von Mangel erfolgreich sein. Es stellt sich also die Frage, welches Wachstum notwendig ist und welches nicht. Es gibt viele Bereiche im Kapitalismus, die keinen gesellschaftlichen Wohlstand schaffen. Werbung und große Teile der Unternehmensberatung sind zum Beispiel aus Sicht unternehmerischer Konkurrenz sinnvoll, aber in ihrem enormen Ausmaß tragen sie kaum zum gesellschaftlichen Wohlstand bei. Luxusproduktion wie Privatjets tragen ebenfalls nicht zum gesellschaftlichen Wohlstand bei. Ein Großteil der Produktion, die ausschließlich für wenige reiche Menschen bestimmt ist, könnte gestoppt werden, wenn wir uns als Gesellschaft dafür entscheiden. Auch der Konsum, für den Anreize erst geschaffen werden müssen, könnte eingeschränkt werden. Ein Beispiel dafür ist das jährlich neue iPhone, das nur minimale Verbesserungen aufweist, um Menschen dazu zu bringen, es zu kaufen, obwohl ihr Smartphone noch funktioniert. Ich bin nicht gegen technologische Verbesserungen, aber es wäre doch sinnvoller, beispielsweise Smartphones langlebiger zu machen, anstatt jedes Jahr eine neue Version auf den Markt zu bringen, die nur geringfügige Verbesserungen bietet. Das ist nur ein vereinfachtes Beispiel, aber ich denke, dass wir viel einsparen könnten, wenn wir auf künstliche Anreize für Konsum verzichten.

Das sind die offensichtlichen Stellen, an denen wir ansetzen können, aber es gibt noch weitere Möglichkeiten. Eine sozialistische Gesellschaft regelt nicht nur, wie der gesellschaftliche Reichtum verteilt wird oder welche Produkte nicht hergestellt werden, sondern auch, *wie* produziert wird. Wir wissen schon heute, welche Stoffe schädlich für das Ökosystem sind. In einer Wirtschaft, in der Profit nicht mehr an erster Stelle steht und einzelne Wirtschaftsbereiche, die als gesellschaftlich notwendig erachtet werden, möglicherweise kein Plus abwerfen müssen, in der die Versorgung mit Nahrung und die Gesundheitsversorgung als Selbstzweck betrachtet werden, können wir entscheiden, dass bestimmte, aus Unternehmenssicht besonders billige, aber aus gesellschaftlicher Sicht besonders schädliche Stoffe nicht mehr produziert werden. Wir wissen, wie wir nachhaltiger produzieren können, aber es ist oft teurer oder weniger praktisch aus kurzfristiger Sicht. In einem sozialistischen System können wir Produktion langfristig denken und weniger schädliche Materialien, Stoffe und Energien nutzen. Wir können sogar die Gewinnung dieser umweltverträglicheren Ressourcen auf großem und technologisch fortgeschrittenem Niveau planen, sodass diese nicht mehr teuer für den Staat sind.

Im Sozialismus geht es also nicht mehr nur um Wachstum an sich, sondern darum, welche Bereiche der Wirtschaft wachsen sollen und welche wir abbauen können. Mein Wunsch ist eine Ökonomie, in der gesellschaftlicher Wohlstand auf ökologisch verträgliche Art geschaffen wird. Ich denke, dass es unvermeidlich sein wird, bestimmte Teile der Wirtschaft abzubauen, auf bestimmte Materialien zu verzichten und andere, gesellschaftlich Wohlstand bringende Bereiche der Wirtschaft auszubauen und umzugestalten. Die Grundversorgung mit Nahrung wäre schon heute global gesichert, wenn die Verteilung gerecht wäre.[105] Natürlich reicht Nahrung allein nicht für ein gutes Leben. Die Diskussion über Wachstum oder Degrowth wird weitergehen, weil es ein Prozess der Aushandlung ist, was als notwendig erachtet wird und was nicht. Ich denke, das wird ein langer Weg, aber langfristig werden wir kaum eine andere Wahl haben.

Yannic: Es ist schwierig, sich gesellschaftlich auf Form und Umfang des Konsums zu einigen. Statt gegen einen Konsum zu wettern, für den ›Anreize geschaffen werden müssen‹, sollten wir überlegen, ob es sinnvoll ist, von ›künstlichem Konsum‹ zu sprechen. Sicher gibt es Formen der geplanten Obsoleszenz, die dazu führt, dass bestimmte Waren früher ersetzt werden müssen, als notwendig wäre. Aber es gibt keinen ›natürlichen Konsum‹ und über die Grundbedürfnisse hinaus auch keine ›natürlichen Bedürfnisse‹, von dem man alles Künstliche abgrenzen könnte. Ist das Bedürfnis nach einem Fernseher im Wohnzimmer künstlich geweckt worden? Oder das Bedürfnis nach einer Konsole? Oder das Bedürfnis nach mehr als fünf Messern im Haushalt?

Aus meiner Sicht liegt die Lösung nicht darin, den ›künstlich geweckten Konsum‹ zu reduzieren. Das Konsumverhalten der Menschen umfasst ein Gleichgewicht zwischen notwendigem und Luxuskonsum. Dinge, die früher als Luxus galten, gehören heute zum Alltag vieler Menschen. Statt den Kapitalismus dafür zu verurteilen, dass er eine komplexere Bedürfnisstruktur entwickelt hat, sollten wir versuchen, diese Bedürfnisse mit den Möglichkeiten unserer Welt in Einklang zu bringen. Dabei sollten wir die freie Entscheidung der Einzelnen bewahren.

In einigen sozialistischen Kreisen besteht die Tendenz, von oben herab über die Lebensführung der Menschen zu urteilen und alles, was dem sozialistischen Ideal zu widersprechen scheint, als ›kapitalistisch‹ abzulehnen. Doch ein zukunftsfähiger Sozialismus sollte sich darauf konzentrieren, die Menschen des 21. Jahrhunderts mitzunehmen und nicht in der Vergangenheit festhalten zu wollen. Ist das möglich? Oder erfordert die aktuelle Umweltkatastrophe starke Regulierungen, die in das Leben der Menschen eingreifen?

Lea: Ich verstehe deinen Einwand: Wir wollen nicht sparen, sondern immer mehr. Ich freue mich auch, wenn ich den zwanzigsten Nagellack kaufe, obwohl ich ihn eigentlich nicht brauche. Der Luxuskonsum zeigt uns, dass Menschen, wenn sie es sich leisten können, alles kaufen, auch wenn es gesellschaftlich und ökologisch schädlich ist. Gleichzeitig sind saubere Luft, sauberes und ausreichend Wasser, das Ausbleiben von Umweltkatastrophen und intakte Ökosysteme in unserer unmittelbaren Umgebung genauso wichtig wie andere existenzielle Bedürfnisse. Hinzu kommt die Möglichkeit, durch effizientere oder sogar weniger Produktion mehr freie Zeit zu gewinnen. Ich müsste lügen, wenn ich sagen würde, dass es in imperialistischen Ländern keine Begrenzung von umweltschädlichem Reichtum geben muss. Das Ziel sollte sein, Reichtum umweltschonend zu produzieren und bei umweltschädlicher Produktion zwischen gesellschaftlichem Nutzen und öko-sozialen Schäden abzuwägen. Ich bin überzeugt, dass Sozialismus nicht nur Umverteilung bedeutet, sondern auch eine bessere, weil gesellschaftlich gestaltete und nicht auf Profit ausgerichtete Produktion, eine gesündere Umwelt und mehr freie Zeit ermöglicht.

Yannic: Also muss es darum gehen, einen Ökosozialismus aufzubauen. Dieser Ökosozialismus erkennt an, dass manche Produktionsbereiche eingeschränkt werden müssen, um anderen Bereichen Wachstum zu ermöglichen. Er berücksichtigt auch, dass einige Länder lange auf Kosten anderer Länder gewirtschaftet haben und deshalb ihre eigene Wirtschaft einschränken müssen, um anderen Ländern das notwendige Wachstum zu ermöglichen. Um das zu erreichen, ist eine bewusste Lenkung der Produktion und Verteilung erforderlich, entweder durch direkte Planung oder durch eine makroökonomische Steuerung einer Wirtschaft, die größtenteils in den

Händen der Arbeitenden liegt. Diese sozialistische Produktion, Steuerung und Verteilung von Wohlstand geht Hand in Hand mit einer technologischen Entwicklung, die in den Sozialismus eingebettet ist und von den Fehlentwicklungen des Kapitalismus befreit ist. Diese Umstrukturierung ermöglicht ein nachhaltiges Niveau des Energie- und Materialverbrauchs, das mit der jeweils möglichen Produktion von Reichtum in Einklang steht. Dadurch wird der Wohlstand nicht über die ökologischen Grenzen hinausgetrieben, sondern ist eng mit der technologischen Entwicklung verbunden.

Lea: Was du beschreibst, das ist definitiv ein ideales Ziel. Es ist wichtig, dass Produktion und Investition gesellschaftlich ausgehandelt werden. Der Sozialismus als nach Bedürfnissen organisierte Wirtschaft ermöglicht es uns, bestimmte Wirtschaftsbereiche in großem Maßstab zu fördern und die Produktion in bisher umweltschädlichen, aber gesellschaftlich gewünschten Sektoren anders zu gestalten. Sozialismus bedeutet ja nicht nur Regulation, sondern ermöglicht auch die Umsetzung großer und langfristiger Projekte wie einer nachhaltigen Wirtschaft, ohne Rücksicht auf die Interessen und Bedürfnisse einer kapitalistischen Klasse nehmen zu müssen. Trotzdem ist der Sozialismus nur die Voraussetzung, eine Wirtschaft ökologisch nachhaltig zu führen. Er könnte genauso umweltschädlich sein wie der Kapitalismus, wenn keine entsprechenden Investitionen getätigt werden. Deshalb reicht der Sozialismus allein nicht aus. Wir brauchen einen Ökosozialismus, bei dem umweltverträgliches Wirtschaften aktiv als gesellschaftliches Ziel gewählt wird. Womöglich bleibt das in Zukunft unsere einzige Wahl, wenn wir inmitten multipler ökologischer Krisen eine bedürfnisorientierte Wirtschaft aufbauen wollen.

III. Verändern

Perspektiven für einen Sozialismus

Das Alte liegt im Sterben

Wir leben in einer Zeit der umfassenden Krise. Nicht einfach, weil ökonomische, ökologische, gesellschaftliche und (geo-)politische Krisen sich zufällig sammeln würden, sondern weil diese Krisen miteinander verwoben sind und allesamt im Kontext des (globalisierten) Kapitalismus verstanden werden müssen.[106] Die Zerstörung unserer Lebensgrundlagen ist zur alltäglichen Hintergrundmusik geworden, die die politisch Handelnden bloß hilflos begleiten können. Gleichzeitig sehen wir, wie vor unseren Augen mühsam erkämpfte feministische und antirassistische Fortschritte innerhalb weniger Jahre zurückgedrängt werden und unter Druck geraten. Dass unsere Beziehungen und die Bereiche unserer Gesellschaft immer unter den aktuellen Bedingungen der kapitalistischen Gesellschaft existieren, wird uns als alternativlos verkauft.

In unseren Gesprächen haben wir versucht, einige Schlaglichter auf zentrale Themen unserer heutigen Gesellschaft zu werfen und aus der Perspektive des Marxschen Denkens zu verstehen. Unser Ziel war es nicht, eine systematische Kritik zu entwickeln, sondern einen Zugang zu einer solchen anzubieten. Wir sind der Überzeugung, dass unsere heutige Gesellschafts- und Wirtschaftsform nicht nachhaltig ist und dass es an uns liegt, zu bestimmen, in welche Richtung wir uns weiterentwickeln möchten.

Wichtiger als die Kritik ist die *Alternative*. Wir können Bibliotheken mit Kapitalismuskritik füllen, doch sie bleibt folgenlos, wenn wir keine überzeugende Alternative aufzeigen können. Die Überwindung des Kapitalismus hängt also davon ab, ob eine kritische Masse innerhalb der Gesellschaft eine ähnliche Utopie teilt, wie eine Gesellschaft nach dem Kapitalismus aussehen kann. Wir meinen, dass der Sozialismus noch immer die richtige Alternative ist, die wir zu verfolgen haben.

Sozialismus ist die Alternative, die bleibt. Er ist das ›Oder‹ einer Gesellschaft, in der die kapitalistische Produktionsweise herrscht. Er ist das konkrete Andere einer Welt, in der die Wurzeln der Ausbeutung immer näher an ihre Überwindung herangebracht wurden und der Mangel anfängt aufzuhören. Er ist das unvermeidbare ›Oder‹ für den Geist und das Herz der kapitalistischen Gesellschaft. Für den Geist, weil die korrekte Kritik der kapitalistischen Produktionsweise, die über die in ihr geltenden Eigentums- und Produktionsverhältnisse stattfindet, die sozialistischen Eigentums- und Produktionsverhältnisse als den einzigen Weg ihrer Abschaffung aufzeigt. Für das Herz, weil die Ausbeutungs-, Entfremdungs- und Entmenschlichungserfahrungen innerhalb des Kapitalismus den Glauben an und die Leidenschaft für eine sozialistische Alternative immer wieder an die Oberfläche der gesellschaftlichen Vorstellungen von Zukunft treiben werden. Der Sozialismus begleitet den Kapitalismus, weil wir Menschen sind.

Der Gegenwart fehlt es nicht an der Kritik an der kapitalistischen Wirtschaftsform und der auf ihr aufbauenden Gesellschaft. Es fehlt am Glauben an Alternativen und deren Umsetzbarkeit. Das bedeutet nicht, dass eine richtige Analyse und Kritik der bestehenden Verhältnisse verzichtbar wären, sondern dass diese Kritik allein aus einer Gesellschaft in Ruhe keine Gesellschaft in Aufruhr macht. Die Kritik der bestehenden Verhältnisse führt die Menschen in die Diskussion und belässt sie in einer unkonkreten Anti-Haltung, die denkbare Alternative zu diesen kritisierten Verhältnissen bringt sie mit einem konkreten Ziel auf die Straße. Ein Sozialismus wird wieder unvermeidlich, wenn die Menschen ihn als unvermeidlich wahrnehmen.

Zugleich zieht ein Sozialismus der Gegenwart einen Wagen voller Zusätze hinter sich her. Er soll die sexistischen Verhältnisse überwinden, Frauen vom Patriarchat befreien, der Binarität der Geschlechter ein Ende bereiten und Heteronormativität überwinden. Er soll die rassistische Diskriminierung und Ausbeutung in den Ländern abschaffen, die Ausbeutung unter den Ländern unterbinden und überhaupt Länder an sich zu einem Relikt der Vergangenheit machen. Um überhaupt bestehen zu können, müsste ein Sozialismus das Mensch-Natur-Verhältnis verändern, um der Umweltzerstörung ein Ende zu setzen und so das Überleben der Menschen auf diesem Planeten zu sichern. Darüber hinaus soll er ein neues politisches Handeln ermöglichen –

demokratischer und bewusster –, das gesellschaftliche Miteinander gemeinschaftlicher gestalten und die Sorge um den Menschen wieder in den Vordergrund stellen. Müsste ein Sozialismus darüber hinaus noch, wie von Dirk von Lowtzow besungen, den Tod abschaffen, seine Aufgabe wäre wohl nicht wesentlich größer.

Wir wollen nicht bestreiten, dass ein Sozialismus für die Lösung einiger von diesen Problemen bessere Voraussetzungen schafft. Doch letztlich haben wir es bei einer sozialistischen Umgestaltung der Gesellschaft immer noch mit einer Veränderung zu tun, die sich innerhalb der Grenzen des Menschen, der Natur und der Komplexität moderner Gesellschaften bewegt. Ein Sozialismus ist, um in guter marxistischer Manier Hegel zu bemühen, eine ›bestimmte Negation‹ des Bestehenden: Er verändert die bestehenden Verhältnisse, lässt vieles, was uns heute begleitet, langsamer oder schneller in die Vergangenheit gleiten, aber trotzdem kann ein Sozialismus sein Erbe und das Umfeld, in dem er gedeiht, nicht leugnen oder gänzlich abschaffen. Er bildet eine konkrete, realistische Alternative, weil er die Zukunft ist, die aus der Gegenwart entsteht. Weil er die Tendenzen aufnimmt, die schon jetzt bestehen, und so nutzt, dass eine bessere, menschlichere Gesellschaft möglich wird. Dementsprechend ist ein Sozialismus die Gesellschaftsform, die vielleicht keine Wunder vollbringt, aber uns einen Schritt näher zu einem Leben führt, in dem unsere Bedürfnisse erfüllt, unsere Entfaltung ermöglicht und unser Zusammenleben verbessert wird. In gewissen Momenten ist er die Einlösung der Versprechen, mit denen der Kapitalismus angetreten ist, die er aber nicht erfüllen kann.

Unser Erbe

Die Zukunft können wir nur gestalten, wenn wir ein produktives Verhältnis zu unserem Erbe finden. Wenn ein Sozialismus, als ›bestimmte Negation‹ aus dem Kapitalismus hervorgeht, wenn er also die prägenden Verhältnisse des Kapitalismus überwindet, kann er das nur, indem er seine theoretischen und praktischen Wurzeln entdeckt, aus ihnen lernt, sie kritisiert und Lehren für heute zieht. Seine theoretischen Wurzeln liegen im wissenschaftlichen Sozialismus von Karl Marx und Friedrich Engels, verbrachten lange Jahre im Exil und haben sich in den letzten 200 Jahren weltweit zu einem Blumenstrauß an theoretischen und empirischen Erkenntnissen entwickelt. Seine praktischen Wurzeln liefen im Frühjahr 1871 über die Straßen Paris, stürmten 1917 den Winterpalast, verweigerten 1918 bei Kiel ihren sicheren Tod, stürzten 1949 Chiang Kai-shek und schlugen sich durch die Sierra Maestra.

Ein produktives Verhältnis zu unseren Wurzeln bedeutet nicht, dass wir alles bloß unkritisch wiederholen: »Erneuerung ist niemals eine mechanische Abbildung oder Reflexion, sondern vielmehr ein kreativer dialektischer Prozess der Aufhebung, der etwas bewahrt, manches eliminiert und Neues schafft. Marx neu zu lesen, bedeutet nicht, ihn zu reproduzieren, sondern seine Analyse und seine Politik vor der Hintergrundfolie des 21. Jahrhunderts kreativ zu adaptieren.«[107] Das Marxsche Denken hat einen Kern, der sein Weltbild ausmacht, allgemeine Ideen, die ausgehandelt werden, und einen immer zu aktualisierenden Apparat an Erkenntnissen über die Gegenwart, die »konkrete Analyse der jeweiligen historischen Situation«.[108] Wir können beim Marxschen Denken sehr gut sagen, was sich verändern lässt, bevor es seine Identität verliert. Der Kapitalismus hat eine bestimmte Logik, nach der er funktioniert. Diese zu kennen ist grundlegend. Aber der Kapitalismus verändert sich auch und dementsprechend muss die grundlegende Theorie von allgemeinen Erkenntnissen immer durch aktuelle Analysen ergänzt werden. Dementsprechend braucht es ein klares Bild des eigenen Erbes. Mindestens, um zu wissen, wovon wir abweichen – und warum.

Das 20. Jahrhundert war von der breiten realpolitischen Anwendung der Marxschen Ideen in verschiedenen Ländern weltweit geprägt. Wir sollten die realsozialistischen Länder und alternative politische Projekte als einen Erfahrungsschatz für die sozialistische Bewegung sehen, der nicht unterschätzt werden darf. Denn auch der Umgang mit diesen realen sozialistischen Projekten und den Vorgängen in der politischen Praxis unterscheidet einen ›wissenschaftlichen Sozialismus‹ von einem ›utopischen Sozialismus‹. Wir können aus ihnen lernen und unsere theoretischen Annahmen über den Sozialismus weiterentwickeln – auch wenn und gerade weil sie gescheitert sind.

Eine sozialistische Zukunft zu entwerfen, ist eher als ein Steuern in den Nebel zu verstehen, denn als eine mathematische Leistung, bei der sich der eine Schritt einfach aus dem anderen Schritt ableiten lässt. Ähnlich wie in anderen Wissenschaften müssen wir versuchen und ständig überprüfen, wie wir einen Sozialismus gestalten können. Weil es dazu unterschiedliche Meinungen gibt, sind beispielsweise in realsozialistischen Ländern Konflikte zwischen verschiedenen Teilen der Revolutionär*innen entstanden, in welche Richtung die Gesellschaft gesteuert werden soll.

Dass ein Sozialismus mit Versuchen in der Praxis und notwendigerweise auch mit dem Konflikt zwischen verschiedenen Ideen, wie die Zukunft aussehen soll, zusammenhängt, entschuldigt nicht den Tod und die Verfolgung von Menschen oder die Entwicklung kommunistischer Parteien zu autoritären Apparaten, die die Diskussion teilweise unnötig einschränkten. Ganz im Gegenteil macht es das wichtiger, dass wir den Weg gemeinsam suchen und aushandeln.

Wir können die sozialistische Vergangenheit nicht einfach ablehnen, sondern können und sollten aus den Erfolgen und Fehlern dieser Länder lernen. Wer meint, dass dieser oder jener Staat ›kein richtiger‹ Sozialismus gewesen wäre und sich weigert, sich als Lernender mit ihnen auseinanderzusetzen, um Schlüsse für die eigene politische Praxis zu ziehen, verpasst eine große Chance des wissenschaftlichen Sozialismus: Wir sind gegenüber den Sozialist*innen der letzten Jahrhunderte zumindest soweit im Vorteil, dass wir von ihren Fehlern lernen können. Die Zukunft können wir nicht ohne Bezug zur Vergangenheit entwickeln. Wenn wir also unser Erbe einfach ablehnen, bleibt uns nur eine Utopie ohne Realitätsbezug. Das gilt genauso in die andere Richtung. Wer jeden Fehler realsozialistischer Staaten ignoriert, verzichtet gleichermaßen auf wichtige Erkenntnisse. Nur durch die kritische Auseinandersetzung mit der sozialistischen Vergangenheit wird eine sozialistische Zukunft möglich, die die Fehler der Vergangenheit nicht einfach wiederholt.

Trotz des Scheiterns vieler sozialistischer Projekte und der Masse an Fehlern, die begangen wurden, konnten in sozialistischen Ländern in einigen Bereichen Erfolge erzielt werden. Gerade wenn man miteinbezieht, dass sich die realen sozialistischen Länder nicht aus Wohlstand, sondern aus Armut und meist kolonialer Ausbeutung heraus entwickelt haben, sind ihre Leistungen beachtlich. Dass Russland ein vom Zaren geführtes Land gewesen ist, in dem ein Großteil der Bevölkerung extrem arme Bäuer*innen waren, und es wenige Jahrzehnte später dem deutschen Faschismus standhalten konnte, wird häufig genannt. Auch Kuba befreite sich mit seiner Revolution aus einer Lage, in der es zu einer Ferieninsel für reiche US-Amerikaner*innen gemacht wurde. Die DDR wiederum feierte enorme Erfolge bei Antifaschismus und Feminismus.

Andererseits standen sozialistische Länder vor großen Herausforderungen und Problemen. Das lässt sich natürlich nicht über alle Länder und Zeiten hinweg einheitlich bestimmen. Wir können an dieser Stelle auch keine umfassende Betrachtung geben, sondern nur einige Stichworte. Auf ökonomischer Seite fehlte in vielen sozialistischen Ländern durch den Fokus auf wenige, zentrale Bereiche die wirtschaftliche Diversität. So blieb Kuba zum Beispiel lange Zeit in der Rolle des Zuckerlieferanten, die es seit dem Kolonialismus begleitet hatte. Unter der UdSSR wurde ein internationales sozialistisches System aufgebaut, in dem verschiedene Länder unterschiedliche Rollen einnahmen. Für die einzelnen Länder führte das zu vermeidbaren Abhängigkeiten und Krisen. Insbesondere in der UdSSR kam der Fokus auf die Schwerindustrie hinzu, bei der zu wenig auf die Produktion von individuellen Konsumgütern geachtet wurde. Um auf eine Höhe mit fortgeschrittenen (konkurrierenden) kapitalistisch geprägten Staaten zu kommen, wurden Ressourcen aus bäuerlichen Gebieten abgezogen, um die Industrie zu stärken. Gleichzeitig war der Umgang sozialistischer Länder mit dem Ende des zunächst starken Wirtschaftswachstums Ende der 1950er Jahre ungenügend und die kommunistischen Regierungen schafften es nicht, einen ökonomischen Apparat aufzubauen, der der komplexer gewordenen Wirtschaft entsprach. Auf demokratischer Ebene standen sozialistische Staaten vor der Herausforderung, eine vom liberalen Kapitalismus verschiedene Form zu finden, wie komplexe Gesellschaften funktionieren können. Die Einschränkung kultureller Heterogenität in den Sowjetrepubliken unter der Hegemonie Russlands ist nur ein Beispiel dafür. Auch bei der demokratischen Teilhabe und mit der Bürokratisierung entstand Unzufriedenheit. Diese Lücken dürfen wir nicht ignorieren. Und trotzdem sollten wir nicht kritiklos das Bild von sozialistischen Staaten als ›undemokratisch‹ und ›autoritär‹ übernehmen. Staaten wie Kuba und Burkina Faso finden und fanden Partizipations- und Mitsprachemöglichkeiten, die in einer liberalen und parlamentarischen Demokratie kaum Platz finden.

Die Probleme der realsozialistischen Staaten können nicht ohne ihren Kontext betrachtet werden. Die Konzentration auf die Schwerindustrie und die Entwicklung auf Kosten der bäuerlichen Gebiete und Arbeiter*innen innerhalb der UdSSR lassen sich nicht ohne die rückschrittliche wirtschaftliche Struktur Russlands, die Bedrohung durch den Nationalsozialismus und die verschiedenen Angriffe durch die westlichen Großmächte verstehen. Der Autoritarismus mancher sozialistischer Staaten lässt sich wiederum nicht verstehen, ohne die unzähligen Putschversuche, Angriffe und verdeckten Operationen der Vereinigten Staaten von Nordamerika und ihrer Verbündeten.[109] Und trotzdem: Diese Probleme sind nicht bloß von außen auferlegt, sondern entstehen auch aus der besonderen Lage eines Sozialismus, der ein offenes Zukunftsprojekt ist, das verschiedene politische Programme, Ideen und Wünsche verbindet und auf eine Realität und eine Gesellschaft trifft, die noch nicht sozialistisch ist. Aufgabe sozialistischer Politik ist es, mit der eigenen widersprüchlichen Situation umzugehen und für sie eine Form der Vermittlung zu finden, anstatt sie bloß auf eines der Extreme zu reduzieren. Während das liberalkapitalistische System das in erster Linie durch den Markt und durch Wahlen von parlamentarischen Vertreter*innen macht, muss der Sozialismus seinen eigenen Weg finden.

Facetten-Sozialismus

Um zu verstehen, welche Möglichkeiten ein Sozialismus bringt, müssen wir ein paar Dinge auseinanderhalten. Grundlage jeder sozialistischen Gesellschaft ist eine sozialistische »Produktions-, Aneignungs- und Austauschweise«[110]. Sie umfasst unter anderem die Art, wie wir gemeinsam arbeiten und produzieren, wer über Produktionsablauf und -ziele bestimmt, wem das fertige Arbeitsprodukt gehört, wie die Bedürfnisse der Menschen mit der Produktion in Verbindung gebracht, auf welchen Wegen das Arbeitsprodukt bei den Menschen landet, die es möchten und/oder brauchen, und wie der produzierte Überschuss verwendet wird. Wichtig ist die Entscheidung, ob die Arbeitsprodukte über einen Markt oder nach einem vorher festgelegten Plan produziert und verteilt werden. Je nachdem, wie wir uns entscheiden, kann eine Wirtschaft sich besser oder schlechter entwickeln, besser oder schlechter unseren Bedürfnissen entsprechen, bessere oder schlechtere Möglichkeiten für politisches und gesellschaftliches Handeln entwickeln. Grundlage für all das sind sozialistische Eigentumsverhältnisse, bei der die Unternehmen und Betriebe vergemeinschaftet wurden anstatt in den Händen Einzelner zu liegen.

Eine sozialistische Produktions-, Aneignungs- und Austauschweise bietet andere Möglichkeiten, als eine kapitalistische. In einer Gesellschaft, in der die kapitalistische Produktionsweise herrscht, sind das politische Handeln und die Sorge um das Wohlergehen der Menschen durch verschiedene Faktoren eingeschränkt. Beispielsweise können regierende Parteien nur insoweit soziale Politik betreiben, wie es der Anhäufung von Kapital und dem angemessenen Profit nicht im Weg steht. Die kapitalistische Klasse und ihre Verbindung mit den politischen Vertreter*innen, die nicht nur über Lobbyismus, sondern auch strukturell über die Einnahmen von Steuern und Arbeitsplätze besteht, führen dazu, dass nur innerhalb bestimmter Grenzen politisch gehandelt werden kann. Indem der Kapitalismus und der Profitzwang überwunden werden, fallen einige dieser Zwänge weg. Deswegen konnten sozialistische Länder im Vergleich zu kapitalistisch geprägten Ländern auf der gleichen Stufe ökonomischer Entwicklung eine bessere physische Lebensqualität, also Gesundheit, Gesundheitsdienste, Lebenserwartung und die tägliche Kalorienzufuhr aufweisen.[111] Durch den Sozialismus wurde eine soziale Politik besser möglich, die sich an den Bedürfnissen der Menschen orientiert. Diese Möglichkeiten allein sagen jedoch nichts über die Qualität der *Wirtschaft an sich* aus: Auch mit einer schlecht gestalteten Wirtschaft kann soziale Politik betrieben werden.

Schließlich gibt es eine sozialistische, politische Praxis. Um den negativen Erfahrungen der Klassengesellschaft etwas entgegenzusetzen, setzen wir uns für die Abschaffung von Patriarchat und Rassismus, ein besseres Mensch-Natur-Verhältnis und ein gemeinschaftliches Miteinander ein. Dabei entstehen unterschiedliche Utopien eines friedlicheren Miteinanders, die teilweise an vergangene Formen des Gemeinwesens anschließen. Meistens geht es um Themen, die mit linken und Teilen der linksliberalen Blasen geteilt werden und über die sozialistische Bewegung hinaus im Prinzip anschlussfähig sind. Dass diese politischen Positionen nicht unbedingt mit einer sozialistischen Wirtschaft einhergehen, zeigen vergangene und aktuelle sozialistische Experimente. Teilweise verbinden sie sozialistische, antiimperialistische und konservative Einstellungen miteinander. Für eine sozialistische Gesellschaft stellt sich also die Frage, welchen Stellenwert diese linken Ideen im politischen Raum einnehmen: Werden sie zentralisiert durchgesetzt, aktiv gefördert oder wie alle anderen politischen Ideen auch in der demokratischen Auseinandersetzung ausgehandelt? Einerseits ist ein Sozialismus mit großen Hoffnungen verbunden, die gesellschaftlichen Herrschafts- und Ausbeutungsverhältnisse zu überwinden, andererseits können wir nicht einfach annehmen, dass innerhalb eines Sozialismus zum Beispiel niemand mehr konservativ ist. Unterschiedliche politische Positionen werden weiterhin existieren und mit ihnen muss umgegangen werden.

Wenn wir also mit Menschen über einen Sozialismus sprechen wollen, können und sollten wir das auf unterschiedlichen Ebenen tun. Wir brauchen Möglichkeiten, die sozialistische Produktions-, Aneignungs- und Austauschweise zu gestalten, die aus den Fehlern vergangener sozialistischer Projekte lernt und die Anforderungen und Möglichkeiten moderner Gesellschaft berücksichtigt. Wir brauchen Ideen, welche Herausforderungen sich für Politik und (Zivil-)Gesellschaft in einer sozialistischen Gesellschaft ergeben und wie wir mit ihnen umgehen können. Und wir müssen gemeinsam eine Vision entwickeln, wie die unterschiedlichen Bereiche unserer Gesellschaft miteinander zusammenhängen sollen. Gerade als Marxist*innen können wir diese Bereiche nicht getrennt betrachten. Die Form der Produktion und Verteilung von Arbeitsprodukten sowie die tägliche Sorge- und Reproduktionsarbeit von Gesellschaften beeinflussen alle anderen Bereiche. Und auch die Sphären von (Re-)Produktion und Verteilung werden von diesen anderen Bereichen beeinflusst. Ein sozialistisches System steht vor der Aufgabe, diesen Zusammenhang bewusst und demokratisch zu regeln.[112]

Sozialistische Wirtschaft

Grundlage und Unterscheidungsmerkmal jeder sozialistischen Gesellschaft ist eine sozialistische Wirtschaft. Weil sie der Bereich ist, über den auf Grundlage Marxscher Analyse noch am ehesten Aussagen getroffen werden können und sollten, wollen wir einige Ideen dazu aufgreifen.

Eine sozialistische Wirtschaft kann nur eine wirkliche Alternative zur kapitalistischen Wirtschaft sein, wenn sie zumindest eine ähnliche Leistung erbringen kann, sodass die Lebensqualität der Menschen mindestens gleich bleibt und Güter für den Konsum gesichert sind. Nur wenige lassen sich für einen Sozialismus begeistern, der auf Verzicht und Armut aufbaut – auch wenn selbst solche Ideen romantische Anhänger*innen haben. Ein Marxscher Sozialismus soll aber gerade nicht enthaltsam und allen Lebensgenuss verpönend sein.[113] Im Gegenteil soll ein Sozialismus eine wirtschaftliche Basis besitzen, auf der ein gutes, sorgenfreies und gesichertes Leben möglich wird. Neben der Emanzipation der Arbeiter*innen braucht es dafür eine sozialistische Produktions-, Aneignungs- und Austauschweise, die die Stärken der kapitalistischen Produktionsweise übernimmt, bewahrt, überwindet und auf eine höhere Stufe bringt.

Diese sozialistische Produktions-, Aneignungs- und Austauschweise umfasst zwei zentrale Ebene: Die der *Betriebe und Unternehmen* einerseits und die der *Gesamtwirtschaft* andererseits. Eine wesentliche Frage dabei ist, ob die Organisation der Wirtschaft planwirtschaftlich oder marktwirtschaftlich sein soll. Über diese Frage schlagen sich manche Sozialist*innen die Köpfe ein, andere diskutieren wertschätzend darüber – eine einheitliche Meinung gibt es dazu nicht. Es ist daher sinnvoll, sich Konzepte dazu einmal anzusehen. Wir skizzieren deshalb zwei alternative Modelle, um eine sozialistische Wirtschaft zu gestalten, vorstellen. Keine dieser Konzeptionen bietet endgültige und nicht kritisierbare Lösungen. Wir wollen mit diesen Beispielen andeuten, dass es moderne Konzeptionen sozialistischer Wirtschaften gibt, die aus den vergangenen Erfahrungen gelernt haben. Wir gehen einerseits auf die digital gestützte Planwirtschaft nach W. Paul Cockshott und Allin Cottrell und andererseits auf die sozialistische Marktwirtschaft nach Stephan Krüger ein.

W. Paul Cockshott und Allin Cottrell haben in ihrem berühmten Buch *Alternativen aus dem Rechner. Für sozialistische Planung und direkte Demokratie* und weiteren Werken den Vorschlag einer Planwirtschaft ausgearbeitet, die »sich auf die Möglichkeiten moderner Computertechnik, angewandt auf mathematische Iterationsverfahren und Simulationstechniken (wie z.B. neuronale Netze) sowie auf die Erfassung ökonomischer Verflechtungen (mit herkömmlichen Input-Output-Tafeln) auf der Basis – und das ist neu – von Arbeitszeitrechnung« stützt.[114] Sie schließen dabei an Vorschläge von Marx in seinen *Randglossen zum Programm der deutschen Arbeiterpartei* an.

Auf kleinster Ebene bestünde diese Planwirtschaft aus arbeitenden Menschen. Anstelle von klassischem Geld,[115] würden die Arbeiter*innen für die erbrachte Arbeit mit Arbeitsguthaben bzw. -gutscheinen bezahlt.[116] Je mehr sie gearbeitet hätten, desto mehr Arbeitsguthaben hätten sie angesammelt. Mit diesem Arbeitsguthaben könnten sie Arbeitsprodukte von anderen Menschen erwerben. Da Bildung komplett von der Gesellschaft gezahlt werden würde, würde sie bei der individuellen Bezahlung der Menschen keine Rolle spielen.[117] Die einzig bedeutende Differenzierung sei abhängig davon, wie fleißig die Arbeiter*innen sind. Während Arbeiter*innen mit höherer Arbeitsintensität etwas mehr als der Durchschnitt erhielten, sei es bei Arbeiter*innen mit niedrigerer Arbeitsintensität etwas weniger.[118] Damit stelle die sozialistische Gesellschaft sicher, dass weiterhin ein gewisses Maß an Arbeitsleistung in den Arbeitsstunden erbracht werde. Menschen könnten sich aktiv entscheiden, weniger zu arbeiten, obwohl sie zu mehr fähig wären, ohne dafür gesellschaftlich geächtet zu werden. Selbstverständlich bekämen die Arbeiter*innen ihre Arbeitszeit aber – wie im Kapitalismus – nicht komplett ausgezahlt, weil gesellschaftliche Ausgaben gedeckt werden müssten: Ein Teil würde für soziale Ausgaben, ein Teil für die Akkumulation und ein Teil für internationalen Handel abgezogen werden.

Die geleisteten Arbeitsstunden würden den Planer*innen als Grundlage ihrer Berechnung dienen.[119] Sie würden anzeigen, wie viele Arbeitsstunden der gesellschaftlich zur Verfügung stehenden Arbeitszeit investiert wurden, um das Produkt herzustellen. Im Gegensatz zur Ebene der Bezahlung von Arbeiter*innen sei es hier durchaus relevant, ob die Ausbildung eine*r Arbeiter*in mehr oder weniger Zeit und Ressourcen beansprucht hätte. Durch die Bildung habe die Gesellschaft, da sie für die Kosten aufkäme, ja eine Investition geleistet und die Arbeitskraft würde dementsprechend ›mehr Arbeitszeit‹ innerhalb einer Stunde leisten bzw. Wert produzieren, als eine nicht oder weniger ausgebildete Arbeitskraft. Die Arbeitsstunden würden dementsprechend je nach Bildung mit einem entsprechenden Faktor multipliziert und so in die Planung einbezogen. Nochmal zur Erinnerung: Für die einzelnen Arbeiter*innen führe das nicht zu einem Lohnunterschied. Für die Planer*innen wäre es aber wichtig, weil in qualifizierte Arbeitskraft mehr (gesellschaftliche) Arbeitszeit eingeflossen sei und ihre Arbeitszeit als ›kompliziertere Arbeit‹ gelten würde.

Cockshott und Cottrell nennen drei Ebenen der Planung. Ein *makroökonomischer Plan* würde gewisse allgemeine Parameter festlegen, »die für die ökonomische Entwicklung im Zeitablauf bestimmend sind«.[120] Damit würde er die gesellschaftlich zur Verfügung stehende Arbeitszeit auf verschiedene Kategorien des Endverbrauchs verteilen. Beispiele dafür wären, wie viel Zeit eine Gesellschaft für die Produktion von Konsumgütern, für die Gesundheitsversorgung oder für Zukunftsinvestitionen aufbringen möchte.[121] Der *strategische Plan* würde die Entwicklung der Wirtschaft in den Blick nehmen, beispielsweise hinsichtlich der Technologie und des Klimaschutzes bzw. Ressourcenverbrauchs. Auf der Grundlage der Entscheidungen im makroökonomischen Plan würde etwa bestimmt, welche Bereiche mit welchen Technologien entwickelt werden sollten, was importiert werden sollte und wie Auswirkungen auf die Umwelt geregelt werden.[122] Diese Planung könnte nach Cockshott und Cottrell nicht demokratisch geschehen. Es müssten mindestens Spezialist*innen eingebunden werden, die »eine Reihe von machbaren Optionen für die künftige Industrieentwicklung aufzeigen, die dann in öffentlicher Debatte erörtert werden können«[123].

Der *detaillierte Plan* würde schließlich auf Grundlage des makroökonomischen und strategischen Plans ausgearbeitet, um die exakte Ressourcenverteilung zu bestimmen: »Welche spezifischen Arten von Gütern müssen in welcher Menge mit wie viel Arbeit und an welchen Orten produziert werden? Welche Produktionseinheiten müssen Inputs von welchen anderen erhalten? Und so weiter.«[124] Es stelle sich also die Frage, welche Mengen einzelner Produkte hergestellt werden müssen, um den Zielen aus den anderen Planungsebenen zu entsprechen. Jedes Produkt verweise dabei auf unterschiedliche Vorprodukte, Ressourcen, Maschinen, Werkzeuge und benötigte Energie, die zur Herstellung bereitstehen muss. Das ergebe ein hoch komplexes Netz von Abhängigkeiten.[125] Die Berechnung davon solle näherungsweise mithilfe moderner Computertechnik und mathematischer Verfahren stattfinden. Die Planung werde zusätzlich unterstützt durch ein System, das Feedback und Informationen vom ›Markt‹ zurück in die Planung fließen lasse. Dadurch würden die Planer*innen erfahren, ob der Preis, der sich aus der geleisteten Arbeit ergeben würde, mit dem Preis übereinstimmt, den Menschen tatsächlich zu zahlen bereit sind. Falls Menschen nicht dazu bereit sind, mit so viel Arbeitszeiteinheiten für ein Produkt zu zahlen, wie es tatsächlich zu Herstellung braucht, solle die Produktion zurückgefahren oder ganz eingestellt werden und die dann freien Arbeitsstunden eher in andere Produkte investiert werden.[126]

Dementsprechend gebe es auch hier einen Markt für Konsumgüter, für die die Arbeitenden ihre Arbeitsgutscheine ausgeben. Die Preise würden auf die Nachfrage reagieren: Sollte die Nachfrage nach Fernsehern das Angebot übersteigen, dann würde der Preis für dieses Gut über den von den Planer*innen vorher festgesetzten Gleichgewichtspreis steigen. Zugleich würde der Plan entsprechend angepasst werden, sodass in Zukunft mehr Fernseher eingeplant werden könnten. Aus Sicht von Cockshott und Cottrell unterscheidet dieser Markt sich aber durch die zentrale Berechnung vom kapitalistischen Markt: Nachdem einmal »die endgültige Struktur der zu produzierenden Finalgüter beschlossen ist«, also festgelegt wurde, wie viel Zwischen- und Endgüter produziert werden müssen, werde die Verteilung bzw. »Zuweisung von Inputs« für diese endgültige Struktur zentral berechnet, benötigte Produktionsmittel und Arbeitskraft würden von der Planbehörde zugewiesen.[127]

Nicht alle Güter würden im Konzept von Cockshott und Cottrell über den Markt verteilt werden. Bestimmte Güter wie Bildung, das Gesundheitswesen und die Kinderbetreuung, seien notwendig, damit Individuen selbstbestimmt und autonom – also unabhängig von der geleisteten Arbeitszeit – an der Gesellschaft teilhaben können. Auch von der Gesellschaft bestehe ein Interesse, dass die Menschen beispielsweise gut ausgebildet sind.

Grundlage der Planung der Gesamtwirtschaft solle ein »System rechnergestützter Planung« sein, »das die Simulation des Verhaltens der Wirtschaft in allen Einzelheiten einbezieht«.[128] Ein Zentralrechner werde mit allen technischen Informationen beliefert, »z.B. mit Listen von Produkten, die gerade hergestellt werden, und regelmäßigen Updates über die in jedem Produktionsprozess verwendete Technologie«.[129] Dieser Zentralrechner werde ergänzt durch Computersysteme, die die verfügbaren Bestände der Rohmaterialien und Maschinenmodelle erfassen, die der Planung zugrunde gelegt werden können.[130] Diese Informationen lägen auch heute schon vor, nur eben privatisiert in den Beständen der einzelnen Unternehmen und Betriebe.[131]

Die Planwirtschaft würde durch demokratische Institutionen gestützt.[132] Ein Teil der öffentlichen Belange könnte auf direkte Weise durch die Bevölkerung entschieden werden, indem zuerst Debatten öffentlich ausgestrahlt würden und die Bürger*innen anschließend digital abstimmen könnten. Auch grundlegende Entscheidungen über die Entwicklung von Wirtschaft, Investitionen, Steuern und Grundgüter könnten so entschieden werden. Andere Belange würden in Ausschüssen ausgehandelt, die sich aus auf Zeit zufällig bestimmten Bürger*innen zusammensetzen.

Cockshott und Cottrell haben ihr Buch vor fast 40 Jahren geschrieben und so ein Modell für eine sozialistische Planwirtschaft entwickelt, das heute nur noch aktueller geworden ist. Durch die Nutzung moderner Computertechnik und die aktive Berücksichtigung von Nachfragestrukturen in der Planung über Feedbackmechanismen werden Schwächen vergangener Planwirtschaften Rechnung getragen. Ob ihr Konzept tatsächlich realistisch ist, hängt aber nicht nur mit den technischen Fähigkeiten zusammen, sondern auch mit werttheoretischen Fragen. Zum Beispiel wird der Unterschied der tatsächlich geleisteten Arbeitszeit zur anerkannten bzw. ›abstrakten Arbeit‹ verwischt.[133]

Der deutsche Marxist Stephan Krüger wendet sich im Gegensatz zu Cockshott, Cottrell und anderen Marxist*innen gegen die Vorstellung einer Wirtschaft im Gleichgewicht. Nicht nur bürgerliche

Ökonom*innen, sondern auch Sozialist*innen, die die Vorstellung einer Planwirtschaft vertreten, hätten die falsche Vorstellung, dass es ein Gleichgewicht für eine Wirtschaft und den Wert von Arbeitsprodukten gäbe. Das zeigt sich bei Cockshott und Cottrell beispielsweise an der Suche nach einer ›endgültigen Struktur‹ der zu produzierenden Finalgüter. Charles Bettelheim, ein prominenter Vertreter der Planwirtschaft im 20. Jahrhundert, spricht ebenfalls von Preisen, die »vom Zentralbüro auf einem *Gleichgewichtsniveau* festgesetzt werden, so daß für jedes Produkt das Angebot der Nachfrage entspricht«.[134] Das wäre aber aus verschiedenen Gründen nicht der Fall. Zum Beispiel würden sich die Produktionsbedingungen ständig verändern, indem neue Technik eingesetzt wird, sich die durchschnittliche Arbeitsintensitäten in Produktionsbereichen ändern, oder weil sich das Verhältnis von einfacher und komplexer Arbeit verschiebt, das sich darin äußert, dass bestimmte Arbeiten mehr Wert in gleich Zeit produzieren als andere. Auch auf der anderen Seite, den Bedürfnissen und der (zahlungsfähigen) Nachfrage, gäbe es ständig unvorhersehbare Verschiebungen. Beide Seiten seien zudem auf verschiedene Weisen miteinander verbunden: Die Nachfrage würde einerseits von der Produktion abhängen, weil die Menschen hieraus ihr Geld oder ihre Arbeitsgutscheine erhielten, und sich andererseits mit veränderten Preisen verändern.

So ein dynamisches Verhältnis von Produktion und Konsum hat nach Krüger Auswirkungen auf die Möglichkeit, die Wirtschaft zu planen. Diese Planung gehe von einem Gleichgewicht aus, das weitgehend stabil und im Voraus bestimmbar wäre. Dadurch zwängt sie die »Wirklichkeit in ein starres Korsett«.[135] Gleichzeitig wäre es noch nicht möglich einfach so viel zu produzieren, dass für alle möglichen Veränderungen gesorgt ist und die Arbeitsprodukte frei verteilt werden können. Dafür bräuchte es eine ständige Überproduktion von Gütern, die heutzutage noch nicht möglich ist. Aktuell leben wir, so Krüger, noch unter Knappheitsverhältnissen, sodass mit Ressourcen, Maschinen und Konsummitteln streng gehaushaltet werden muss.

Dementsprechend habe die zentrale Wirtschaftsplanung nur in gesellschaftlichen Ausnahmesituationen Berechtigung, »in denen es um eine konzentrierte und auf wenige Bereiche fokussierte Intervention geht«.[136] Komplexe Ökonomien setzen hingegen die Selbstregulation und über den Markt vermittelten Feedbackschleifen voraus. Vor diesem Hintergrund interpretiert Krüger das sich verlangsamende Wirtschaftswachstum in sozialistischen Staaten Ende der 1950er Jahre: Die wirtschaftliche Planung wäre den an Komplexität zunehmenden Ökonomien nicht mehr gerecht geworden.[137]

Als Lösung schlägt Krüger eine ›sozialistische Marktwirtschaft‹ vor, die verschiedene Elemente miteinander verbindet: *Erstens* veränderte Produktionsverhältnisse durch eine Mischung verschiedener Eigentumsformen und wesentliche Mitbestimmung der Arbeiter*innen in ihren Betrieben und Unternehmen, *zweitens* Marktprozesse und *drittens* eine proaktive strukturpolitische Steuerung.

Eine sozialistische Marktwirtschaft würde eine Mischung verschiedener Eigentumsformen an den Produktionsmitteln verbinden: Neben einzelnen Privatunternehmen wäre ein großer Teil der Unternehmen und Betriebe in »vergesellschafteten, d.h. in öffentlichen, genossenschaftlichen und gemeinwirtschaftlichen Rechtsformen«[138] organisiert. Genossenschaftliche Unternehmen würden dabei in besonderer Weise den Eigentumssinn der Produzent*innen, der ein Verantwortungsgefühl impliziert, mit der vergesellschafteten Arbeitsverausgabung verbinden.[139]

Über alle Rechtsformen hinweg müsste eine »Demokratisierung der Unternehmens- und Betriebsführung«[140] etabliert werden. Selbst in den Betrieben, die weiterhin in privater Hand verbleiben, müsse den Beschäftigten ermöglicht werden, grundlegende Entscheidungen »über das Was, Wie und Für wen der Produktion«[141] mitzubestimmen. Das umfasse unter anderem Entscheidungen über die Einführung neuer Technologie, Veränderungen der Arbeitsabläufe und die Arbeitsentgelte bzw. Eingruppierung der Beschäftigten. Diese sozialistische bzw. »wirtschaftsdemokratische Corporate Governance«[142] richtet sich auf eine »Veränderung der Unternehmensaufbauorganisation mit der Zielrichtung des Abbaus von Hierarchiestufen, Verlagerung von Entscheidungskompetenzen auf die exekutiven Arbeitsfunktionen im Team sowie Mitbestimmung bei der Besetzung von Leitungsfunktionen« aus.[143]

Die sozialistische Unternehmensführung führt bei Krüger dazu, dass die Profitrate an Relevanz verliert. Sie wäre zwar weiterhin notwendig, um Überschüsse für Rücklagen und Investitionen zu erwirtschaften und als »relevante Kontrollvariable für die Kundenzufriedenheit mit den Produkten und Leistungsangeboten des Unternehmens«,[144] steuere aber nicht mehr die gesamtwirtschaftliche Zuteilung von Ressourcen. Diese Aufgabe werde von einer »makroökonomisch angelegte[n] zukunftsorientierte[n], d.h. proaktive[n] Strukturpolitik«[145] übernommen. Die Profitrate würde dementsprechend innerhalb der Unternehmen herabgesetzt zu einer von vielen Variablen, neben den »gesamt- und branchenwirtschaftlichen strukturpolitischen Zielvariablen« und den »von den Beschäftigten geltend gemachten Zielstellungen«.[146]

Bei der Steuerung von Unternehmen und der Verteilung der Waren spielen in dieser Sozialismus-Konzeption Marktprozesse weiter eine zentrale Rolle. Die Unternehmen sollen ihre Arbeitsprodukte als Waren ›am Markt‹ anbieten und entsprechend der Feedbacksignale auf Grundlage der Nachfrage reagieren können.[147] Dementsprechend würde die nachkapitalistische Wirtschaft weiterhin mit Arbeitsprodukten in Form von Waren und Geld arbeiten,[148] um den sich verschiebenden Produktions- und Bedürfnisstrukturen zu entsprechen. Die Arbeitsprodukte würden also durch die Unternehmen für Preise angeboten werden, deren Höhe sich entsprechend den Angebot-Nachfrage-Verhältnissen verschiebt, was auf die Produktion dieser Produkte zurückwirkt. Die einzelnen Unternehmen und Betriebe würden die Kontrolle behalten, wie sie die erwirtschafteten Überschüsse investieren und sich entwickeln. Nur der Arbeits- und Finanzmarkt werden reguliert. Die Arbeitskraft wird weitgehend aus den Prozessen eines freien Marktes entnommen, indem unter anderem eine umfassende Tarifbindung abhängiger Beschäftigung, ein wirksamer Kündigungsschutz und erweiterte Verpflichtungen für größere Unternehmen »zur Schaffung von Alternativ-Arbeitsplätzen bei Betriebsänderungen mit Arbeitsplatzverlusten«[149] durchgesetzt werden.

Um das Zusammenspiel der Unternehmen und Betriebe am Markt zu regulieren und mittel- wie langfristigen gesellschaftlichen Zielen entsprechend zu gestalten, schlägt Krüger eine »[d]emokratisch legitimierte proaktive makroökonomische Strukturpolitik [vor], welche den wirtschaftspolitischen Politik-Mix aus Finanz- und Geldpolitik von Staat und Zentralbank integriert und strukturiert«.[150] Im Gegensatz zur kapitalistischen Marktwirtschaft würde die sozialistische Marktwirtschaft dementsprechend planend und im Voraus insbesondere durch finanzpolitische Instrumente auf den Markt einwirken. Damit würden »eine proaktive strukturpolitische Steuerung der Marktallokation einen Rahmen und eine strategische Entwicklungsrichtung«[151] vorgeben. Diese Steuerung würde sich insofern von der ›Sozialen Marktwirtschaft‹ unterscheiden, als ihr Führungsanspruch gegenüber den Marktprozessen nicht bloß vereinzelt, sondern allgemein ist: Die auf Grundlage eines demokratisch gebildeten und immer »zu aktualisierenden Entwicklungsleitbildes für die Gesamtwirtschaft« für mehrere Jahre bestimmte »wirtschaftspolitische Richtung« würde nicht nur den Rahmen für die Marktprozesse setzen, sondern sie lenken.[152] Weiteres Unterscheidungsmerkmal sei die Ausweitung vergesellschafteter Eigentumsformen sowie die Mitbestimmung der Produzent*innen bzw. Arbeiter*innen innerhalb einer wirtschaftsdemokratischen Corporate Governance.

Die Entscheidung für einen bestimmten Aufbau der sozialistischen Wirtschaft muss nicht ein für alle Mal getroffen werden. Im Gegenteil: Der Sozialismus ist selbst ein sich ständig entwickelndes System und die Entscheidung der wirtschaftlichen Struktur kann auf Grundlage der politischen Willensverhältnisse und wirtschaftlichen Anforderungen getroffen werden. Die sozialistische Umgestaltung kann also eine zunehmende Vergesellschaftung und Planung anstreben oder es kann in Abhängigkeit der wirtschaftlichen Lage und der sich abzeichnenden Entwicklung möglichst undogmatisch entschieden werden, welche Produktions-, Aneignungs- und Austauschweise erforderlich ist. Grundlage jeder sozialistischen Umgestaltung ist aber die vergemeinschaftende Veränderung der Eigentums- und Produktionsverhältnisse. Darüber hinaus scheint aktuell vor dem Hintergrund des Scheiterns realsozialistischer Staaten zumindest am Anfang eine Wirtschaftsstruktur sinnvoll, »die mikro- wie makroökonomisch sowohl Markt- als auch Planungselemente umfassen muss«.[153]

Politik und Kultur

Besonders im kulturellen und politischen Bereich besteht die Gefahr, dass unser Bild eines Sozialismus zur bloßen Utopie wird. Zwar braucht es eine Vision von sozialistischer Zukunft, die politisches Engagement fördert, aber wir können nicht heute schon bestimmen, wie Politik und Kultur in einem Sozialismus aussehen. Das würde den Sinn eines Sozialismus untergraben, der demokratisch ausgehandelt werden soll. Aber es gibt einige Punkte und offene Fragen, mit denen sich eine sozialistische Bewegung aus unserer Sicht auseinandersetzen sollte.

Der Sozialismus ist, wie jede zukünftige Gesellschaftsform, ein Schritt vorwärts und kein Schritt zurück. Die größte Utopie ist es zu glauben, dass Dinge sich nicht vorwärts entwickeln oder sogar rückwärts entwickeln könnten. Der Sozialismus sollte also nicht einfach alte Lebensformen wiederbringen. In den Köpfen mancher Linker wird ein sozialistisches System gleichgesetzt mit einer Gesellschaft, in der alle singend und lachend im Garten des Tante-Emma-Ladens sitzen. Das ist aus unserer Sicht keine Gesellschaft von morgen, sondern sozialistischer Konservatismus. Zentrale Aufgabe einer sozialistischen Kultur ist es, sozialistische und gemeinschaftliche Elemente mit modernen Gesellschaften zu vermitteln, anstatt moderne Gesellschaften an sich wieder abzuschaffen. Es braucht eine Form von Gesellschaft und Wirtschaft, die der Komplexität und dem Stand moderner Gesellschaften besser gerecht werden als die kapitalistische und nicht eine Beendigung der Komplexität.

Das ist besonders politisch eine Herausforderung, weil unterschiedliche Interessen sich austauschen und das Gemeinsame aushandeln müssen. Wir haben schon gesagt, dass Sozialismus und linke Ideale nicht unbedingt das Gleiche sind. Der Sozialismus eröffnet zwar die Möglichkeit, die in den anderen Kapiteln skizzierten Probleme zu überwinden. Trotzdem ist der Erfolg linker Themen in den Köpfen der Menschen kein Selbstläufer. Linke Kräfte müssen sie innerhalb des Sozialismus weiter aktiv voranbringen. Der Sozialismus schafft für ihren Erfolg lediglich die entsprechenden Rahmenbedingungen.

Das bedeutet auch, dass auch im Sozialismus unterschiedliche Interessen und Lebensentwürfe bestehen, die zusammengebracht werden müssen, ohne sie zu vereinheitlichen. Vermutlich wird das sogar noch notwendiger, weil die Politik sich von den kapitalistischen Zwängen befreit hat und auch der Bereich der Arbeit demokratisch wird. Ziel sozialistischer Politik ist es, den unterschiedlichen Positionen einen Raum zur solidarischen Aushandlung zu ermöglichen.

Die Grundlage progressiver, linker Werte ist eine entsprechende materielle Basis, das heißt Wohlstand, freie Zeit und soziale Sicherung. Menschen und Gesellschaften, die unter diesen Bedingungen existieren, haben die Möglichkeit, sich um andere zu sorgen und sich von der Existenz anderer nicht bedroht zu fühlen. Dementsprechend gedeiht innerhalb des Sozialismus eine andere Form des politischen Miteinanders und der Individualisierung, die von den Fesseln innerhalb der »Vorgeschichte der Menschheit«[154] befreit sind.

Sozialistische Regierungen bewegen sich in einer widersprüchlichen Situation. Beispielsweise müssen sie die sozialistische Umgestaltung sichern und gegen (geschichtlich übliche) Angriffe verteidigen. Es wäre utopisch zu denken, dass alle Menschen und Staaten prosozialistisch wären. Gleichzeitig muss das innerhalb einer möglichst demokratischen Gesellschaft geschehen, sodass der sozialistische Staat von den eigenen Bürger*innen nicht als autoritäres Konstrukt wahrgenommen wird.

Was tun?

Ein Sozialismus, der nicht bloß Träumerei ist, wünscht sich nicht einfach nur eine bessere Welt. Es braucht auch konkrete Wege, wie diese bessere Welt erreicht werden könnte. In der Theorie von Marx und Engels lag ein Optimismus dafür.

Einerseits entwickelte der Kapitalismus den Reichtum der Gesellschaften enorm, sodass Knappheit immer weniger eine Rolle spielte. Andererseits setzte man auf das Proletariat. Diese Klasse der ausgebeuteten Arbeiter*innen sollte den Kapitalismus überwinden, weil ihr eigenes Interesse, sich aus ihrer Lage zu befreien, mit dem Ziel des Sozialismus zusammenfiel. Die kapitalistische Klasse kann nur existieren, solange es eine Klasse von Menschen gibt, die sie ausbeuten kann. Wenn das Proletariat sich davon befreit, würde sie damit auch die kapitalistische Klassengesellschaft an sich aufheben.

Weil durch die Dynamik im Kapitalismus immer mehr Menschen zu Proletarier*innen würden, wachse ihre Klassenmacht und der Klassenkampf könnte sich bis zur sozialistischen Revolution entwickeln. In der Marxschen Weltanschauung ist der Sozialismus also kein Ideal, das der Gesellschaft von außen aufgezwungen wird, sondern eine reale Tendenz. Der Kommunismus, als »die wirkliche Bewegung, welche den jetzigen Zustand aufhebt«,[155] führt einfach die existierenden Tendenzen fort.

Ökonomisch betrachtet, sind wir dem Sozialismus heute so nah wie nie zuvor. Der bürgerliche, französische Sozialwissenschaftler Thomas Piketty schreibt: »Langfristig gesehen hat der Weg zu Gleichheit und zum partizipativen Sozialismus längst begonnen.«[156] Die Produktion des Reichtums hat sich gemeinsam mit dem wissenschaftlichen Wissen und den technischen Möglichkeiten stark weiterentwickelt, seit Marx und Engels die kapitalistische Produktionsweise kritisiert haben. Die Produktion ist noch stärker gesellschaftlich geworden und mittlerweile findet sie in einem weltweiten Netz verschlungener Produktions- und Handelsketten statt, das durch das Internet bemerkenswerte Möglichkeiten des rationalen Wirtschaftens enthält.

Politisch gesehen ist das Bild zwiespältiger. In Deutschland wurde in den letzten 150 Jahren mehr politische und zivilgesellschaftliche Partizipation erkämpft. Das ist natürlich nur ein Teil der Wahrheit, solange wir verschweigen, dass die kapitalistische Wirtschaftsform das demokratische Handeln stark einschränkt und dass mehr als elf Millionen Menschen in Deutschland die Möglichkeit zur Wahl genommen wird, weil ihnen die deutsche Staatsbürgerschaft fehlt. Die Demokratie in einer kapitalistischen und rassistischen Gesellschaft ist dementsprechend mindestens eine unvollständige Demokratie. Trotzdem haben sich einige politische Institutionen durchsetzen und verteidigen lassen, die der kapitalistischen Logik in gewissem Maße Einhalt gebieten.

Gleichzeitig ist der politische Kampf für den Sozialismus nicht mehr einfach die ›Fortführung realer Tendenzen‹. Hierzulande hat die Arbeiter*innenklasse außerhalb des Prekariats einen deutlich höheren Lebensstandard, Entwicklungs- und Mitbestimmungsmöglichkeiten. Von einer zunehmenden Verelendung der arbeitenden Bevölkerung kann, abgesehen vom aktuellen Abbau der Arbeiter*innenrechte innerhalb des Neoliberalismus, nicht gesprochen werden. Dementsprechend schreibt Michael Brie in Anspielung auf das *Manifest der Kommunistischen Partei*: »Die Menschen haben weit mehr zu verlieren, als ihre Ketten. Sie können, wie die Geschichte zeigt, auch die Freiheiten und Entwicklungsmöglichkeiten, Potenziale der Reichtumsproduktion zerstören, die im Kapitalismus und der liberalen Ordnung, unter Nutzung seiner Möglichkeiten und teilweise im Kampf gegen die Sachzwänge des Kapitalismus erworben wurden.«[157] Das schwächt scheinbar die politische Anschlussfähigkeit des sozialistischen Projekts. Stattdessen finden (extrem) rechte Einstellungen Verbreitung, die Probleme des (neoliberalen) Kapitalismus auf migrantisierte, queere Menschen und Frauen schieben. Der Rechtsruck ist aktuell eine viel deutlichere politische Tendenz als der Sozialismus.

Diese Entwicklung ist nicht bloß ein Versagen von uns politisch Linken. Es liegt auch an der Gesellschaft, in der wir aktiv sind und an der Entwicklung des Kapitalismus selbst. Je nachdem, wie sich der Kapitalismus entwickelt, haben wir mehr oder weniger Möglichkeiten, mehr oder weniger Handlungsmacht. Zum Beispiel führen Zeiten hoher Arbeitslosigkeit dazu, dass die Arbeiter*innen in Tarif- und politischen Kämpfen geringere strukturelle Macht haben. In ähnlicher Weise schränken Krisenzeiten die Möglichkeiten zur Individualisierung und etwa für feministische Kämpfe ein. Die Corona-Pandemie ist nur ein aktuelles Beispiel dafür. Ob linke und sozialistische Kämpfe erfolgreich sind oder Mehrheiten bewegen können, hängt also nicht nur von der richtigen Taktik ab, sondern wird stark durch den ökonomischen und kulturellen Rahmen mitbestimmt.

Es ist klar, dass sich etwas ändern muss. Damit haben sich insbesondere liberale Menschen auseinanderzusetzen. Dass (extrem) rechte Parteien und Ansichten immer mehr Anhänger*innen finden ist, anders als in liberalen Kreisen häufig angenommen, keine Wolke, die sich über den sonst perfekten Himmel ihrer liberalen Gesellschaft legt. Diese Entwicklung hat ihre Wurzeln in der liberalen Gesellschaft selbst. Die zunehmende Verbreitung (extrem) rechter Einstellungen ist das Symptom einer spätkapitalistischen Gesellschaft, in der die kapitalistische Wirtschaftsform an ihre Grenzen stößt und nicht länger fortschrittlich ist, sondern bloß noch unsere Lebensgrundlagen angreift. Der Wohlstand der kapitalistischen Wirtschaftsform in ihren guten Zeiten wurde nicht als geschichtliche Phase verstanden, sondern als ein Merkmal, das ihr zu allen Zeiten zukommt. Selbst Krisenzeiten bildeten dafür nur die vergängliche Ausnahme, in denen sich die Bevölkerung kurz opfern müsste, um bei nächster Gelegenheit wieder auf den Fortschritt kapitalistischer Gesellschaften aufspringen zu können. Nur so lässt sich Fukuyamas ›Ende der Geschichte‹ verstehen. Die wirtschaftlichen Grundlagen der liberal-kapitalistischen Gesellschaft sind aber an ihre Grenze gelangt, sodass es nicht einfach so weiter geht. Liberale Ideen sind nicht länger problemlos im Kapitalismus realisierbar, weil dieser Kapitalismus die wirtschaftlichen Grundlagen, die liberale Ideen ermöglicht haben, untergräbt. Diese Erfahrungen von Krisen und Abstiegsängsten führen zu (extrem) rechtem Gedankengut. Auf wirtschaftlicher Ebene ist ein Sozialismus der Umgang mit einer immer zerstörerischer werdenden kapitalistischen Wirtschaft.

Der Kern politischer Überzeugungen in liberalen Gesellschaften ist, dass Einzelne ihre Interessen in Wahlen und dem politischen Engagement vertreten können. Auch im wirtschaftlichen Bereich sind es die Privatpersonen, die ihre Interessen verfolgen. Aus diesem Zusammenspiel von Einzelinteressen soll ein höherer, gemeinschaftlicher Wille entstehen. Durch die Summe ihrer Einzelteile sind die Interessen einer Gesellschaft aber nicht vollständig abgedeckt. Dem Gemeininteresse, also dem »Interesse an der Sicherung der Reproduktion des Gesellschaftskörpers, der Wahrung seiner natürlichen, sozialen, politischen und kulturellen Fundamente«,[158] wird in liberalen Ansätzen repräsentativer Demokratie und in der freien, ungelenkten Marktwirtschaft nicht Rechnung getragen.

Anhänger*innen findet die (extreme) Rechte unter anderem, weil der Kapitalismus nicht länger die Perspektive einer besseren Zukunft bieten kann. Wie bereits angedeutet, kam die Betriebsweise des Fordismus, die den Arbeiter*innen innerhalb kapitalistischer Grenzen ein besseres Leben als der Neoliberalismus bot, an ein Ende. Eine neue Betriebsweise wird durch neoliberale und finanzkapitalistische Elemente blockiert. In diesen Zeiten, in denen die wirtschaftliche Basis nicht den Anstoß für gesellschaftlichen Fortschritt – so unbestimmt er in der Theorie auch sein mag – bietet, werden Sehnsüchte nach vergangenen Zeiten geweckt. Mangels eines wirtschaftlichen und politischen Begriffs wird die ›Vergangenheit‹ idealisiert und soll zurückgeholt werden. Dabei bestünde die Lösung gerade im Entwerfen der Zukunft durch ein sozialistisches System, dass den gesellschaftlichen Charakter der Produktion und Verteilung anerkennt sowie diese wirtschaftliche Entwicklungsperspektive mit einer zukunftsfähigen Politik verbindet. Die rechten Parteien selbst – besonders präsent ist die AfD – vertreten seltsamerweise häufig aber in der Realpolitik einen nationalen und verschärften Kapitalismus, der sich gegen alle demokratischen Widerstände stellt. Während sie nach außen auf Propaganda gegen Minderheiten setzen, verfolgen sie realpolitisch hart kapitalistische Prinzipien. Ihr ›Lösungsansatz‹ zielt damit bloß auf die Verschärfung bestehender Probleme. Ein Sozialismus bietet im Gegensatz dazu eine zukunftsfähige Alternative, die einerseits die ökonomischen Grenzen des Kapitalismus überwindet und die Wirtschaft andererseits demokratisiert. Die liberale Bewegung sollte sich diesem zukunftsfähigen Gesellschaftsmodell zuwenden, anstatt konservativ an überkommenen Strukturen festzuhalten. Nur innerhalb eines sozialistischen Systems gibt es eine Zukunft für politische Ideale, weil es deren Hindernis, das kapitalistische Fundament, entfernt.

Der Sozialismus sollte nicht nur die Ausbeutung der Menschen beenden, die unter dem Kapital arbeiten. Wir brauchen eine Perspektive, mit der Gesellschaften sich im 21. Jahrhundert so weiterentwickeln können, dass demokratische Prozesse, Solidarität, Wohlstand und unsere Existenz gesichert werden.

Während der Kapitalismus das demokratische Handeln einschränkt, weil das Kapital und die privatisierten Unternehmen im Vordergrund stehen, stellt ein Sozialismus die Bedürfnisse der Menschen in den Vordergrund und demokratisiert die Wirtschaft. Während der Kapitalismus politische Programme durch die Abhängigkeit und Ungleichheit zu Existenzfragen macht und Gesellschaften polarisiert, ermöglicht ein Sozialismus die Aushandlung verschiedener Interessen im solidarischen Miteinander. Während der Kapitalismus den Reichtum von Gesellschaften und dessen Grundlagen zerstört, sobald das Gewinn ermöglicht, schafft ein Sozialismus eine Produktion und Verteilung, die den Möglichkeiten des 21. Jahrhunderts angemessen ist.

Während der Kapitalismus, besonders in Krisenzeiten, Umwelt und Menschen ausbeutet und zerstört, ermöglicht ein Sozialismus einen nachhaltigen Umgang mit uns und unserer Umwelt. Ein Sozialismus ist also das progressive Projekt der Überwindung des Kapitalismus, durch das der Menschheit ein besseres Leben und Zusammenleben ermöglicht wird. Um dieses Ziel zu erreichen, müssen alle progressiven Kämpfe zusammengebracht werden. Denn kommt der Kapitalismus in die Krise, d.h. wenn nicht mehr genug Mehrwert angeeignet werden kann, um das Kapital entsprechend wachsen zu lassen, kann verstärkt auf ›Geschenke‹ gesetzt werden, um den Reichtum gedeihen zu lassen. Kostenlose Hausarbeit, besonders niedriger Lohn für migrantisierte Menschen, Ausbeutung der Naturressourcen und unter- oder unbezahlte Aneignung von Primärgütern aus Ländern der Peripherie sind Möglichkeiten, wie ein Kapitalismus trotz Krise überleben kann. Wenn progressive Kämpfe das verhindern, wird der Kapitalismus auf sich selbst zurückgeworfen. Der antikapitalistische Kampf muss also eng mit dem feministischen, antirassistischen und ökologischen Kampf verbunden werden, damit er wirksam wird.

Anfang der 1930er Jahre wurden in Deutschland die Arbeiter*innenbewegung und ihre Parteien vom deutschen Faschismus bekämpft und die Weimarer Republik war kurz davor, durch den sogenannten National*sozialismus*, verkörpert durch Adolf Hitler, zerstört zu werden. Zu dieser Zeit befand sich Gramsci in italienischer Haft und versuchte die Herausforderungen westlicher Gesellschaften zu verstehen: Wie könnte der sozialistische Kampf in komplexen modernen Gesellschaften aussehen?

Grundlage seiner Überlegungen zur sozialistischen Strategie war eine Erfahrung, die er vor dem Hintergrund des Ersten Weltkriegs gemacht hatte: der Wechsel zwischen Bewegungs- und Stellungskrieg. Im Krieg wechselten sich schnelle und umfangreiche Erfolge in Phasen des Bewegungskriegs mit einer Stabilisierung der Fronten ab, bei der die Truppen sich wieder in Stellung brachten und im zermürbenden Klein-Klein um minimale Erfolge und Niederlagen rangen. Diese Phase des Stellungskriegs lasse Gramsci zufolge wenig Aussicht auf umfangreiche Erfolge und drehe sich um den Kampf einzelner Positionen. Diese Begriffe der Kriegsführung ließen sich laut Gramsci nutzen, »zum mindesten im Hinblick auf die entwickelten Staaten, in denen die Zivilgesellschaft zu einer sehr komplexen und gegen katastrophale ›Ausbrüche‹ des unmittelbar ökonomischen Elements (Krisen, Depression etc.) widerstandsfähigen Struktur geworden ist; der Überbau der Zivilgesellschaft wirkt wie ein Schützengraben im modernen Krieg.«[159] Mit ›Zivilgesellschaft‹ meinte Gramsci die Aktivitäten und Institutionen, die Menschen im Kapitalismus in ihren privaten Lebensbereichen, also außerhalb der Arbeit, entwickeln und gestalten.[160] Es geht also darum, wie wir außerhalb der Lohnarbeit denken, uns verhalten, handeln und die Welt um uns herum bewerten. Diese Zivilgesellschaft war aus Gramscis Sicht ein wichtiger Bereich für gesellschaftliche Veränderung: Gesellschaften verändern sich über Veränderungen im Bereich der Zivilgesellschaft.

Das unterscheidet eine Revolution von einem Putsch. Mittels einer »gewöhnlich allmählich und langdauernd verlaufenden Veränderung von Lebenseinstellungen, Verhaltensmustern, Bildungsperspektiven, sozialen Vernetzungen und dergleichen«[161] entfernen Menschen sich in ihren Gedanken und ihrem Handeln von dem bestehenden System und geraten mit ihm in einen Widerspruch. Nur wenn das Denken der Menschen, ihre Lebensphilosophie, und ihr Handeln in so einen Widerspruch zur herrschenden, kapitalistischen Struktur geraten, wird eine Umwälzung der Produktions- und Gesellschaftsform möglich. Die erste Aufgabe des sozialistischen Kampfes ist es, ein (entstehendes) sozialistisches Bewusstsein zu schaffen. Das geht einem Sozialismus voraus.

Um den Kapitalismus hin zu einem Sozialismus zu überwinden, muss dieser im Denken der Menschen (wieder) eine wünschenswerte und mögliche Alternative werden. Er muss zu einer *konkreten Utopie* werden, die sich Menschen wünschen und für die sie sich in Zivilgesellschaft und Politik einsetzen. Im Gegensatz zum Denken und Handeln mancher Sozialist*innen und Kommunist*innen geht das nur, indem wir auf Augenhöhe mit den Menschen ins Gespräch kommen, die daran ein Interesse haben könnten. Diese konkrete Utopie muss sich an den Alltagsverstand anschließen. Das bedeutet auch, dass wir unsere Ideen in der Sprache der uns umgebenden Gesellschaft formulieren müssen. Ein Sozialismus darf nicht darauf warten, dass die Menschen zu ihm kommen, er muss zu den Menschen gehen. Wir können also keine ganze Gesellschaft an diese Ideen heranführen, sondern marxistische Inhalte müssen sich an das bestehende Denken anschließen, ohne die eigenen Inhalte aufzugeben. Das passiert immer im nationalen kulturellen Kontext.[162] Es gibt keine Gewinne im Stellungskrieg, ohne die nationalen (das bedeutet für einen imperialen Staat wie Deutschland gerade nicht ›nationalistisch‹) Anliegen und Bedürfnisse aufzunehmen. Anstatt den Menschen zu erklären, dass sie alles ablehnen sollten, was sie heute gut finden, sollten wir zeigen, inwiefern ein Sozialismus nicht bloß eine Alternative, sondern ein Weg nach vorne ist. Ein Sozialismus muss wieder als konkrete Antwort auf konkrete Probleme formuliert werden, ohne die Geschichte des Realsozialismus zu leugnen oder bloß wiederholen zu wollen.

Das geht nur, wenn wir mit unseren Ideen wieder im Alltag der Menschen präsent sind, anstatt uns in Expert*innendiskussionen zu verlieren. Wir sind zwar überzeugt, dass es Diskussionen über die Werttheorie, Krisenzyklen, Akkumulation und das Wesen des Kapitalismus braucht, damit unser Sozialismus auf den richtigen Annahmen aufbaut. Für die breite politische Bildung und Mobilisierung werden sie aber nicht benötigt und stehen teilweise sogar im Weg einer konkreten Veränderung von Gesellschaft. Wir brauchen Gespräche auf der Straße und Gespräche mit den Menschen in unserer Lebenswelt. Der revolutionäre Entwurf entwickelt sich immer auch im zwischenmenschlichen Miteinander, bei dem wir uns gegenseitig begleiten. Eine bloße Antihaltung oder belehrende Überheblichkeit ist bei wirtschaftlichen und gesellschaftspolitischen Fragen fehl am Platz. Anders ist das natürlich bei Ideologien, die absichtlich menschenfeindlich oder ausschließend sind – wie Sexismus, Nationalismus und Rassismus.

Emotionen und Romantik spielen dabei eine große Rolle. Es wäre utopisch zu glauben, dass eine Gesellschaft durch und durch nach vernünftigen Prinzipien funktioniert und sich wissenschaftlich steuern lässt. Auch Chaos, Unvorhersehbarkeit und Emotionen brauchen ihren Platz, wenn wir Zukunft gestalten möchten. Die Geschichte ist keine Maschine, die man bloß richtig bedienen muss, um voranzukommen. Die Theorie des Sozialismus kann dementsprechend den konkreten sozialistischen Kampf nicht ersetzen. Revolutionäre und evolutionäre Veränderungen der Gesellschaft waren selten einfach die Umsetzung richtiger Ideen, sondern emotionale Ereignisse. Es waren gerade die emotionale Ablehnung gegenüber dem alten System und das Held*innentum, die die revolutionären Umgestaltungen auf Kuba, in der UdSSR, Vietnam und Burkina Faso ausgemacht haben. Diese Emotionen können der Antrieb für Veränderung sein und zu einer »widerständige[n] Handlungsform«[163] werden. Langfristig können Romantik und Emotionen zwar nicht den rationalen Aufbau einer sozialistischen Gesellschaft ersetzen, aber auch der rationale Aufbau ersetzt die Emotionen nicht. Einerseits braucht es die richtige Theorie für politisches Handeln und das ökonomische Wissen zur Gestaltung einer sozialistischen Wirtschaft. Andererseits braucht es für die Überwindung des Kapitalismus aber vor allem ein empörtes, hoffendes und leidenschaftliches gesellschaftliches Bewusstsein, dass diese Überwindung möchte und an die Zukunft eines Sozialismus glaubt. Auf der anderen Seite ist es unrealistisch, dass eine ganze Gesellschaft zu leidenschaftlichen Kämpfer*innen für eine gerechte, sozialistische Zukunft werden. Unsere politische Strategie darf also nicht darauf zielen, sondern muss die träge und behutsame ›Mitte der Gesellschaft‹ einbinden. Dementsprechend braucht es ein zusammenhängendes Ganzes unterschiedlicher Aktivierungsformen: emotional, wissenschaftlich und auf Augenhöhe.

Die ›westlichen‹ Gesellschaften stehen nicht bloß vor der Herausforderung, eine sozialistische Gesellschaft aufzubauen. Sie müssen auch ihre imperialistische Stellung reflektieren und aktiv bekämpfen. Ein sozialistisches System, das auf der Ausbeutung anderer Länder aufbaut, hat seine emanzipativen Potenziale verschenkt. Das führt zu einem zentralen Problem: Ein Sozialismus mag Anhänger*innen finden, weil er eine bessere Zukunft verspricht. Aber der Antiimperialismus hat keine unmittelbar positiven Auswirkungen auf die Menschen in den Ländern des imperialistischen Zentrums. So entscheidet sich beim Antiimperialismus, wie menschlich eine Gesellschaft ist, wie gut sie über ihre unmittelbaren Bedürfnisse und Interessen hinwegblicken und sich von ihnen möglicherweise entfernen kann. Das liegt auch daran, dass es nicht ausreicht, sich einfach aus der Welt zurückzuziehen. Es braucht Reparationen, die die Jahrhunderte von Ausbeutung und Zerstörung wiedergutmachen und Länder aus der wirtschaftlichen Abhängigkeitsbeziehung entlässt. Weil der

Antiimperialismus aus der Lebenswelt heraus nicht naheliegt, braucht es hier besondere Theorie- und Aufklärungsarbeit. Die Komplexität der globalen Verhältnisse ist nicht direkt verständlich, sondern muss erarbeitet werden. Gleichzeitig sollten wir nicht meinen, dass der Antiimperialismus in erster Linie unsere Aufgabe wäre. Letztendlich sind es die Länder der Peripherie, deren Kampf jedes Stück bestehender Freiheit erkämpft hat und der auch in Zukunft den Imperialismus weiter zurückdrängen wird. Ein Sozialismus hierzulande schafft die besten Voraussetzungen, um der Abhängigkeit von imperialistischer Ausbeutung zu entkommen.

Die aktuelle Situation der sozialistischen Bewegung hat Gramsci vor hundert Jahren auf den Punkt gebracht. Er sprach von Sozialist*innen, die sich daran gewöhnt hatten, Dünger zu sein. Die sich daran gewöhnt hatten, dass sie nur den Grundstein legen für einen Kampf, dessen Erfolg weit in der Zukunft liegt. Die täglich merkten, dass sie düngen und säen, aber dass sich ihre Arbeit verflüchtigt und der Tag des Pflügens in eine abstrakte Zukunft rückt.[164] Wir sind diejenigen, die sich daran gewöhnt haben, Dünger zu werden. Dünger, der viel zu oft auf fruchtlosen Boden fällt. Die Entwicklung des Kapitalismus ist aber auf unserer Seite. Ein politisches und wirtschaftliches System, das für einen Bruchteil der menschlichen Geschichte existiert hat, hält nicht ewig, sondern ist überwindbar. Gleichzeitig befinden wir uns in drängenden Zeiten, die uns nicht ermöglichen, auf den gewöhnlichen Lauf der Geschichte zu setzen. Wir müssen in allen Lebensbereichen präsent werden und den Sozialismus wieder als reale Alternative zum Kapitalismus in die Köpfe der Menschen pflanzen. Es ist an uns, wieder zu pflügen.

Anmerkungen

1 Correctiv (2024): Geheimplan gegen Deutschland. https://correctiv.org/aktuelles/neue-rechte/2024/01/10/geheimplan-remigration-vertreibung-afd-rechtsextreme-november-treffen/, Zugriff: 28.01.2024.

2 Gramsci (2012 [1948-1951]): Gefängnishefte, 10 Bände, herausgegeben von Bochmann, Klaus; Haug, Wolfgang F.; Jehle, Peter. Hamburg: Argument Verlag, Hefte 4, 7 und 10.

3 Die Stelle verweist auf die Feuerbachthesen von Karl Marx. Originalzitat: »Die Philosophen haben die Welt nur verschieden interpretiert, es kommt darauf an sie zu verändern.« (Hervorh. Im Original), Marx, Karl (1978): Thesen über Feuerbach. In: Marx, Karl; Engels, Friedrich: Werke. MEW 3. Berlin: Dietz Verlag, S. 5-8.

4 Brie, Michael (2022): Sozialismus neu entdecken. Ein hellblaues Bändchen zu den Widersprüchen einer solidarischen Gesellschaft. Hamburg: VSA Verlag, S. 20.

5 Luxemburg, Rosa (1916): Die Krise der Sozialdemokratie. Junius-Broschüre. Text abrufbar unter: http://www.mlwerke.de/lu/luf_1.htm, Zugriff: 28.01.2024.

6 Marx, Karl (1981 [1843/44]): Zur Kritik der Hegelschen Rechtsphilosophie. Einleitung. In: Marx, Karl; Engels, Friedrich: Werke. MEW 1. Berlin: Dietz Verlag, S. 385.

7 Wir nutzen den Begriff ›kapitalistische Produktionsweise‹ in diesem Buch häufiger. Der Begriff stammt von Marx und legt den Fokus auf die Art, wie wir produzieren und wirtschaften. Die kapitalistische Produktionsweise baut auf kapitalistischen Eigentumsverhältnissen auf: Die Gegenstände und Werkzeuge, mit denen wir arbeiten, genauso wie die Büros und Fabriken, in denen wir das tun, gehören einzelnen Privatpersonen. Wenn diese Menschen ihr Eigentum einsetzen, um daraus mehr Eigentum zu machen, nennt man sie ›Kapitalist*innen‹ – sie sind an Profit interessiert. Dafür stellen sie Menschen – Arbeiter*innen – für Lohn an, die für sie arbeiten, dadurch Mehrwerte und schließlich Profite produzieren. Die kapitalistische Produktionsweise ist ein wesentlicher Teil unserer Gesellschaft. Sie ist die Art, wie wir herstellen, was wir brauchen und möchten. Die kapitalistische Produktions-

weise wird ergänzt durch viele andere gesellschaftliche Bereiche: Politik, Gesetze, Kultur, Geschlechterbilder und weitere. In einer von der kapitalistischen Produktionsweise geprägten Gesellschaft werden all diese Bereiche durch die kapitalistische Logik bestimmt: die Suche nach Profiten und der Drang, das Kapital zu vergrößern. Trotzdem stellen sie verschiedene Sphären dar. Erst gemeinsam bilden sie eine kapitalistische Gesellschaft. Wenn wir explizit den Bereich der Produktion meinen, sprechen wir im Weiteren von der ›kapitalistischen Produktionsweise‹ oder der ›kapitalistischen Wirtschaftsform‹. Der ›Kapitalismus‹ umfasst im Gegensatz dazu hier das gesamte gesellschaftliche Netz von Teilbereichen und ihre Prägung durch die kapitalistische Produktionsweise.

8 Merleau-Ponty, Maurice (1990): Humanismus und Terror. Frankfurt a. M.: Verlag Anton Hain Meisenheim, S. 18.

9 Marx, Karl (1972 [1852]): Der achtzehnte Brumaire des Louis Bonaparte. In: Marx, Karl; Engels, Friedrich: Werke. MEW 8. Berlin: Dietz Verlag, S. 115.

10 Originalzitat: »Es ist nicht das Bewußtsein der Menschen, das ihr Sein, sondern umgekehrt ihr gesellschaftliches Sein, das ihr Bewußtsein bestimmt.«, Marx, Karl (1961 [1857]): Zur Kritik der Politischen Ökonomie. In: Marx, Karl; Engels, Friedrich: Werke. MEW 13. Berlin: Dietz Verlag, S. 9.

11 Nicht umsonst unterscheidet Marx zwischen der »naturwissenschaftlich treu zu konstatierenden Umwälzung in den ökonomischen Produktionsbedingungen« und den »juristischen, politischen, religiösen, künstlerischen oder philosophischen, kurz, ideologischen Formen« (ebd., 9) in denen die Dynamik sich gerade nicht wie in einer Naturwissenschaft ableiten lässt.

12 Marx, Karl (1985b [1890]): Das Kapital – Kritik der politischen Ökonomie. Band 3: Der Gesamtprozeß der kapitalistischen Produktion. Berlin: Dietz Verlag, S. 828.

13 Marx, Karl (1981 [1843/44]), S. 385.

14 »[T]he purpose [marxistischer Theorie] was to provide a mode of analysis especially well equipped to explore the terrain on which political action must take place.«, Wood, Ellen M. (2016): Democracy Against Capitalism. Renewing Historical Materialism. London/Brooklyn: Verso, S. 19.

15 Gramsci, Antonio (2012 [1948-1951]): Gefängnishefte, 10 Bände, herausgegeben von Bochmann, Klaus; Haug, Wolfgang F.; Jehle, Peter. Hamburg: Argument Verlag, Hefte 4, 7 und 10.

16 Merleau-Ponty, Maurice (1990), S. 54.

17 Losurdo, Domenico (2016): Der Klassenkampf oder die Wiederkehr des Verdrängten? Eine politische und philosophische Geschichte. Köln: PapyRossa Verlag, S. 275. Das betrifft auch Ansätze, denen der Klassenkampf alles ist und die dabei die Fundierung des Klassenkampfs außer Acht lassen. Dass es Grenzlinien eben nicht bloß um den Kampf als solches, sondern um den Kampf in einem komplexen Netz, das wesentlichen Anteil am Ergebnis des Kampfes hat, geht. Dass also die »außerökonomischen Bereiche«, die die Basis der Produktion und Reproduktion bilden sollen, nicht ohne die Gesetze der Basis denkbar sind.

18 »Dies [eine wissenschaftliche Welteinstellung] ist offenbar nur dann der Fall, wenn die subjektiven Motivationen aus Gründen, die nicht in der Subjektivität liegen, im Wesentlichen mit der objektiven Zielrichtung des Entwicklungsprozesses der Menschheit zusammenfallen. Es war die große geschichtsphilosophische Erkenntnis von Marx und Engels, daß sie in der Klassenbedingtheit der geschichtlichen Formationen den theoretischen Schlüssel fanden, um das mögliche Zusammenfallen von subjektiven Antriebskräften und objektiven Entwicklungstendenzen bestimmen zu können.«, Holz, Hans H. (2020a): Integrale der Praxis – Aurora und die Eule der Minerva. Aufhebung und Verwirklichung der Philosophie, Band 3. Berlin: Eulenspiegel Verlagsgruppe Buchverlage, S. 16.

19 Marx, Karl (1981 [1843]): Briefe aus den 'Deutsch-Französischen Jahrbüchern'. In: Marx, Karl; Engels, Friedrich: Werke. MEW 1. Berlin: Dietz Verlag, S. 345.

20 Marx, Karl (1962 [1871]): Der Bürgerkrieg in Frankreich. In: Marx, Karl; Engels, Friedrich: Werke. MEW 17. Berlin: Dietz Verlag, S. 362.

21 Merleau-Ponty, Maurice (1990), S. 234.

22 Originalzitat: »Die erste geschichtliche Tat ist also die Erzeugung der Mittel zur Befriedigung dieser Bedürfnisse, die Produktion des materiellen Lebens selbst, und zwar ist dies eine geschichtliche Tat, eine Grundbedingung aller Geschichte, die noch heute, wie vor Jahrtausenden, täglich und stündlich erfüllt werden muß, um die Menschen nur am Leben zu erhalten«, Marx, Karl; Engels, Friedrich (1990 [1845/46]): Die deutsche Ideologie. Kritik der neusten deutschen Philosophie in ihren Repräsentanten Feuerbach, B. Bauer und Stirner, und des deutschen Sozialismus in seinen verschiedenen Propheten. In: Dies.: Werke. MEW 3. Berlin: Dietz Verlag.

23 Marx, Karl (1985a [1894]): Das Kapital – Kritik der politischen Ökonomie. Band 1: Der Produktionsprozeß des Kapitals. Berlin: Dietz Verlag, S. 742.

24 Marx, Karl (1985b [1890]), S. 806f.

25 Wood, Ellen M. (2015): Der Ursprung des Kapitalismus. Eine Spurensuche. Hamburg: LAIKA-Verlag, S. 118ff.

26 Anievas, Alexander; Nişancıoğlu, Kerem (2015): How the West Came to Rule. The Geopolitical Origins of Capitalism. London: Pluto Press.

27 Vgl. z.B. Rodney, Walter (2018): How Europe Underdeveloped Africa. London: Verso; Hickel, Jason (2018): The Divide. A Brief Guide to Global Inequality and its Solutions. London: Windmill Books; Cope, Zac (2019): The Wealth of (Some) Nations. Imperialism and the Mechanics of Value Transfer. London: Pluto Press.

28 Marx beschreibt, dass Arbeitende im Kapitalismus auf doppelte Weise ›frei‹ sind. Zwar können Arbeitende frei über die eigene Arbeitskraft verfügen, gleichzeitig sind sie aber auch frei von Produktions- und Subsistenzmitteln. Sie sind deshalb de facto trotz ihrer formalen Freiheit dazu gezwungen, ihre Arbeitskraft zu verkaufen – um zu überleben. Marx, Karl (1985a [1894]), S. 183.

29 Marx, Karl (1985a [1894]), S. 496.

30 Krüger, Stephan (2010): Allgemeine Theorie der Kapitalakkumulation. Konjunkturzyklus und langfristige Entwicklungstendenzen. Kritik der Politischen Ökonomie und Kapitalismusanalyse, Band 1. Hamburg: VSA Verlag, S. 164f.

31 Krüger, Stephan (2023): Epochen ökonomischer Gesellschaftsformationen. Eckpunkte und Entwicklungslinien der Weltgeschichte. Kritik der Politischen Ökonomie und Kapitalismusanalyse, Band 7. Hamburg: VSA Verlag, S. 188f.

32 ebd., S. 201f.

33 Marx, Karl (1985a [1894]), S. 630, 635.

34 ebd., S. 529f.

35 So vergleichen etwas Joachim Bischoff, Stephan Krüger und Christoph Lieber das Wertgesetz von Marx mit den Gesetzen der Fluiddynamik: »Eine bessere Analogie wären die Gesetze der Fluiddynamik, die allen Theorien zu atmosphärischen Veränderungen, Ozeanströmungen und unzähligen anderen Phänomenen zugrunde liegen, bei denen sich Flüssigkeiten oder Gase jeglicher Art in Bewegung befinden. Diese Gesetze lassen sich nicht mechanisch auf solche Fragen wie Wettervorhersagen oder den Klimawandel anwenden, sondern müssen in vielfältiger Weise modifiziert werden. Und selbst dann existieren zahlreiche Abweichungen, die sich nicht erklären lassen.«, Bischoff, Joachim; Krüger, Stephan; Lieber, Christoph (2018): Die Anatomie und Zukunft der bürgerlichen Gesellschaft. Wertschöpfung, Mystifizierung und die Klassenverhältnisse im modernen Kapitalismus. Hamburg: VSA Verlag, S. 45.

36 »Die kapitalistische Gesellschaft ist weit davon entfernt, eine einzige, alles durchdringende Verdinglichungslogik hervorzubringen, sondern sie ist normativ differenziert und umfasst eine begrenzte Vielfalt von unterschiedlichen, aber miteinander verbundenen soziale Ontologien.«, Fraser, Nancy (2023): Der Allesfresser. Wie der Kapitalismus seine eigenen Grundlagen verschlingt. Frankfurt a. M.: Suhrkamp Verlag, S. 43.

37 Chibber, Vivek (2021): Postkoloniale Theorie und das Gespenst des Kapitals. Berlin: Dietz Verlag. S. 164.

38 Originalzitat: »Die Waffe der Kritik kann allerdings die Kritik der Waffen nicht ersetzen, die materielle Gewalt muß gestürzt werden durch materielle Gewalt, allein auch die Theorie wird zur materiellen Gewalt, sobald sie die Massen ergreift.«, Marx, Karl (1981 [1843/44]), S. 385.

39 Merleau-Ponty, Maurice (1990), S. 50.

40 Marx, Karl (1981 [1843/44]), S. 381.

41 Marx, Karl: (1981 [1843/44]), S. 385

42 Bourdieu, Pierre (2020 [1998]): Die männliche Herrschaft. Frankfurt a. M.: Suhrkamp Verlag.

43 Schiff, Anna (2019): Sexismus. Köln: PapyRossa Verlag, S. 64.

44 Ohne den Anspruch einer Definition kurz ein paar Worte zur ›Dialektik‹: Dialektik lässt sich für den Moment in den Begriffen a) Bewegung, b) Negation, c) Aufhebung, d) Einheit von Widersprüchen sowie e) das Ganze verstehen. Die Welt als eine dialektische zu verstehen, bedeutet sie nicht bloß als statisch, sondern als bewegte und sich entwickelnde zu verstehen: Ein Blumensamen entwickelt sich zu einer Blume mit Knospe, einer blühenden Blume und daraus zu neuen Blumensamen. Dieser Prozess ist nicht bloß eine Wiederholung des immer Gleichen, sondern führt im Verlauf zu steigender Komplexität, die wir in der Natur als Evolution und in der Gesellschaft als Geschichte bezeichnen. Diese Entwicklung findet durch Negation statt: Ein Zustand wird durch einen anderen Zustand negiert, also überwunden, und dieser wird wiederum ebenfalls negiert – als Negation der Negation, was Hegel das ›Spekulative‹ nannte. Dabei werden die vorangegangenen Zustände in einem zwei- bzw. dreifachen Wortsinn aufgehoben: Die vorangegangenen Zustände werden beendet, aber gleichzeitig im neuen Zustand bewahrt. Zugleich bringt das Spekulative die vorangegangenen Zustände auf eine höhere Stufe. Bezogen auf die Geschichte hin zum Sozialismus würde der Sozialismus den Kapitalismus, aus dem er ja hervorgeht, in gewisser Weise bewahren, weil der Sozialismus nicht alles neugestaltet. Zugleich würde der Kapitalismus aber beendet und durch eine vergesellschaftete Form der Produktion und Reproduktion komplexer und ›fortgeschrittener‹. Auf die Gegenwart bezogen liegt die Dialek-

tik darin, dass die Realität nicht bloß als einheitlich verstanden wird, sondern in der ›Einheit von Widersprüchen‹. So stehen die kapitalistische und die arbeitende Klasse beispielsweise in einem Widerspruch, weil sie unterschiedliche Interessen besitzen; die kapitalistische Klasse beutet die arbeitende Klasse schließlich aus. Dennoch verweisen beide aufeinander: Die kapitalistische Klasse würde ohne die arbeitende Klasse als gesellschaftliche Klasse nicht bestehen und umgekehrt. Diese Widersprüche innerhalb einer Sache treiben seine Entwicklung voran, begründen also wiederum seine Bewegung und seinen Rhythmus. Um Dinge zu verstehen, muss man sie als Ganzes verstehen: Sowohl im Zusammenhang ihrer sich widersprechenden Seiten als auch in ihrer (geschichtlichen) Entwicklung.

45 McClintock, Anne (1995): Imperial Leather. Race, Gender and Sexuality in the Colonial Contest. Routledge; sowie Dietze, Gabriele (2014): Feministischer Orientalismus und Sexualpolitik. Spuren einer unheimlichen Beziehung. In: Hostetter, Karin; Voegele, Sophie (Hrsg.): Diesseits der imperialen Geschlechterordnung. (Post-)koloniale Reflexionen über den Westen. transcript Verlag, S. 255-290.

46 Mies, Maria (2015): Patriarchat & Kapital. München: bge-verlag, S. 44.

47 Marx, Karl (1985c [1893]): Das Kapital – Kritik der politischen Ökonomie. Band 2: Der Zirkulationsprozeß des Kapitals. Berlin: Dietz Verlag, S. 33.

48 Der Kommunismus wird gemeinhin als Gesellschaft verstanden, in der es keine Klassen und kein Geld mehr gibt; eine Gesellschaft, in der Menschen frei und nach ihren Bedürfnissen am gesellschaftlichen (materiellen und immateriellen) Reichtum teilhaben können und entsprechend ihren Fähigkeiten an der Produktion und Reproduktion von Reichtum und Leben mitwirken. Dieser Zustand setzt einen Stand von Wissenschaft und Technik – vom gemeinschaftlichen Wissen – voraus. Der Sozialismus bildet die Gesellschaftsform, die den Übergang zwischen Kapitalismus und Kommunismus vermittelt, solange der für den Kommunismus nötige Stand noch nicht erreicht ist. Er vergesellschaftet be-

reits die Produktionsmittel, ermöglicht aber noch nicht die freie, kommunistische Befriedigung von Bedürfnissen und Nutzung von Fähigkeiten. Gleichzeitig bezeichnen Marx und Engels den Kommunismus als eine reale – also nicht utopische – Bewegung, die den Kapitalismus aufhebt und überwindet. Im Folgenden nutzen wir teils die eine, teils die andere Bedeutung.

49 Arruzza, Cinzia (2017): Feminismus und Marxismus. Eine Einführung. Köln: ISP., S. 29-33.; Ghodsee, Kristen R. (2018): Why Women Have Better Sex Under Socialism. And Other Arguments for Economic Independence. London: Vintage.

50 Das ist im englischsprachigen Raum vor allem der Politische Marxismus, der in erster Linie durch Ellen M. Wood repräsentiert wird, und aus dem deutschsprachigen Raum beziehen wir uns vor allem auf die Sozialistischen Studiengruppen und Stephan Krüger.

51 »In der gesellschaftlichen Produktion ihres Lebens gehen die Menschen bestimmte, notwendige, von ihrem Willen unabhängige Verhältnisse ein, Produktionsverhältnisse, die einer bestimmten Entwicklungsstufe ihrer materiellen Produktivkräfte entsprechen. Die Gesamtheit dieser Produktionsverhältnisse bildet die ökonomische Struktur der Gesellschaft, die reale Basis, worauf sich ein juristischer und politischer Überbau erhebt, und welcher bestimmte gesellschaftliche Bewußtseinsformen entsprechen. Die Produktionsweise des materiellen Lebens bedingt den sozialen, politischen und geistigen Lebensprozeß überhaupt. Es ist nicht das Bewußtsein der Menschen, das ihr Sein, sondern umgekehrt ihr gesellschaftliches Sein, das ihr Bewußtsein bestimmt.«, Marx, Karl (1961 [1857]), S. 8f.

52 Marx, Karl (1961 [1857]), S. 15.

53 Sozialistische Studiengruppen (1984): Der soziale Ursprung des Patriarchats. Frauen, Familie und Gesellschaftsformation. Hamburg: VSA-Verlag, S. 25.

54 Vgl. z.B. Bourdieu, Pierre (2014 [1987]): Die feinen Unterschiede. Kritik der gesellschaftlichen Urteilskraft. Frankfurt a. M.: Suhrkamp Verlag; Hopf, Christel; Hopf, Wulf (1997): Familie, Persönlichkeit, Politik: eine Einführung in die politische Soziali-

sation. Grundlagentexte Soziologie. Weinheim: Juventa- Verlag. Büchner, Peter; Brake, Anna (Hrsg.) (2006): Bildungsort Familie: Transmission von Bildung und Kultur im Alltag von Mehrgenerationenfamilien. Wiesbaden: Springer VS; sowie Ecarius, Jutta; Groppe, Carola; Malmede, Hans (Hrsg.) (2009): Familie und öffentliche Erziehung: Theoretische Konzeptionen, historische und aktuelle Analysen. Wiesbaden: Springer VS; sowie Friebertshäuser, Barbara; Rieger-Ladich, Markus; Wigger, Lothar (Hrsg.) (2009): Reflexive Erziehungwissenschaft: Forschungsperspektiven im Anschluss an Pierre Bourdieu. Wiesbaden: Springer VS; Ecarius, Jutta; Köbel, Nils; Wahl, Katrin (2011): Familie, Erziehung und Sozialisation. Basiswissen Sozialisation, Band 2. Wiesbaden: Springer VS.

55 Krüger, Stephan (2016): Wirtschaftspolitik und Sozialismus. Zum politökonomischen Minimalkonsens zur Überwindung des Kapitalismus. Kritik der Politischen Ökonomie und Kapitalismusanalyse, Band 3. Hamburg: VSA Verlag, S. 520.

56 Lemke, Thomas; Krasmann, Susanne; Bröckling, Ulrich (2019): Gouvernementalität, Neoliberalismus und Selbsttechnologien. Eine Einleitung. In: Dies. (Hrsg.): Gouvernementalität der Gegenwart. Studien zur Ökonomisierung des Sozialen. Frankfurt a. M.: Suhrkamp Verlag, S. 22.

57 »Um mithalten zu können, ist es nötig, seine Ressourcen zu erkennen, zu nutzen und auszubauen, sich strategische Ziele zu setzen, diese zu operationalisieren und das Erreichte zu überprüfen, initiativ zu werden, statt nur zu reagieren, sich überzeugend zu präsentieren, sich flexibel auf immer neue Anforderungen einzustellen und sich entsprechend zu qualifizieren – kurzum: seinen gesamten Lebenszusammenhang im Sinne betriebswirtschaftlicher Effizienz zu rationalisieren. [...] Sich selbst zu managen verlangt nicht nur die gleichen Tugenden wie die Führung eines Unternehmens, sondern besteht vor allem in der Fähigkeit, sich selbst als Unternehmen zu begreifen und entsprechend zu führen.«, Bröckling, Ulrich (2019): Totale Mobilmachung. Menschenführung im Qualitäts- und Selbstmanagement. In: Lemke,

Thomas; Krasmann, Susanne; Bröckling, Ulrich (Hrsg.): Gouvernementalität der Gegenwart. Studien zur Ökonomisierung des Sozialen. Frankfurt a. M.: Suhrkamp Verlag, S. 154.

58 ebd., S. 155.

59 Bauman, Zygmunt (1995): Zeit des Recyclings: das Vermeiden des Festgelegt-Seins; Fitness als Ziel. Psychologie und Gesellschaftskritik 19 (2/3), S. 8

60 Krüger, Stephan (2016), S. 525.

61 ebd., S. 520.

62 Sozialistische Studiengruppen (1984), S. 82.

63 Marx, Karl (1978 [1845]): Thesen über Feuerbach. In: Marx, Karl; Engels, Friedrich: Werke. MEW 3. Berlin: Dietz Verlag, S. 534.

64 Svampa, Maristella (2020): Die Grenzen der Rohstoffausbeutung. Umweltkonflikte und ökoterritoriale Wende in Lateinamerika. Bielefeld: transcript Verlag, S. 13-19.

65 Hickel, Jason (2018), S. 71.

66 Anievas, Alexander; Nişancıoğlu, Kerem (2015).

67 Hickel, Jason (2018), S. 72.

68 Cope, Zak (2019), S. 26

69 Hickel, Jason (2018), S. 73f.

70 Engels, Friedrich (1978 [1856]): Brief an Marx aus London vom 23. Mai 1856. In: Marx, Karl; Engels, Friedrich: Werke. MEW 29. Berlin: Dietz Verlag, S. 56.

71 Marx, Karl (1960a [1853]): Die britische Herrschaft in Indien. In: Marx, Karl; Engels, Friedrich: Werke. MEW 9. Berlin: Dietz Verlag, S. 127.

72 Marx, Karl (1985a [1894]), S. 779.

73 Losurdo, Domenico (2016), S. 16ff.

74 Fraser, Nancy (2023), S. 27.

75 Marx, Karl (1977a [1846/47]): Das Elend der Philosophie. In: Marx, Karl; Engels, Friedrich: Werke. MEW 4. Berlin: Dietz Verlag, S. 123f.

76 »Überhaupt bedurfte die verhüllte Sklaverei der Lohnarbeiter in Europa zum Piedestal die Sklaverei sans phrase in der neuen Welt.«, Marx, Karl (1985a [1894]), S. 787

77 Marx, Karl (1960b [1853]): Die künftigen Ergebnisse der britischen Herrschaft in Indien. In: Marx, Karl; Engels, Friedrich: Werke. MEW 9. Berlin: Dietz Verlag, S. 224.

78 Nkrumah, Kwame (1965): Neo-Colonialism, The Last Stage of Imperialism. London: Thomas Nelson and Sons Ltd.

79 Castro Varela, María do Mar; Dhawan, Nikita (2015): Postkoloniale Theorie. Eine kritische Einführung. Bielefeld: transcript Verlag, S. 318.

80 Harvey, David (2019a): Neoliberalism and the restoration of class power. In: Ders.: Spaces of Global Capitalism. London/New York: Verso, S. 7-68.

81 Holtom, Duncan (2005): Reconsidering the Power of the IFis: Tanzania & the World Bank, 1978-1985. Review of African Political Economy 32 (106), S. 549-567.

82 Rahman, Lea (2024): Abhängiger Extraktivismus. Internationale Zwänge und Abhängigkeitsverhältnisse bei peripherem Rohstoffextraktivismus. Baden-Baden: Tectum Verlag.

83 ebd.

84 Veltmeyer, Henry; Petras, James (2014): The New Extractivism. A Post-Neoliberal Development Model or Imperialism of the Twenty-First Century? London/New York: Zed Books, S. 229f.

85 Galeano, Eduardo (2019): Die offenen Adern Lateinamerikas. Wuppertal: Peter Hammer Verlag.

86 Bestes Beispiel dafür ist die Operation PBSUCCESS, die unter Drängen der United Fruit Company demokratisch gewählte Präsidenten in Südamerika stürzen sollte, um die Interessen des Konzerns zu schützen.

87 Dass Länder der Peripherie als Konkurrenten um Absatzmärkte für Primärgüter auftreten, ist nicht zwingend. So konnte es beispielsweise die &K&Organisation of Petroleum Exporting Countries& (OPEC) schaffen, die Marktmacht der ölexportierenden Staaten zu bündeln und hohe Preise für Erdöl zu setzen. Vor-

aussetzung war die Zusammenarbeit der Staaten, die große Bedeutung von Erdöl für die Industrien der reicheren Staaten und ein zum großen Teil staatlich kontrollierter Rohstoffabbau. Vgl. dazu Acosta, Alberto (2013): Extractivism and neoextractivism: two sides of the same curse. In: Lang, Miriam; Mokrani, Dunia (Hrsg.): Beyond Development. Alternative visions from Latin America. Amsterdam: Rosa Luxemburg Foundation, S. 65f.

88 Vgl. z.B. BDI (2015): Investitionsschutzabkommen und Investor-Staat-Schiedsverfahren: Mythen, Fakten, Argumente. Berlin: Industrie-Förderung GmbH. https://bdi.eu/media/presse/publikationen/globalisierung-maerkte-und-handel/Investitionsschutzabkommen_und_ISDS.pdf, Zugriff: 20.01.2024; sowie WTO (2024): Agreement on Trade Related Investment Measures. https://www.wto.org/english/tratop_e/invest_e/invest_info_e.htm, Zugriff: 20.01.2024.

89 Amin, Samir (1974b): Accumulation on a world scale. A critique of the theory of underdevelopment. New York: Monthly Review Press, S. 17.

90 Norfield, Tony (2011): What the 'China Price' really means. Abrufbar unter: https://economicsofimperialism.blogspot.com/2011/06/what-china-price-really-means.html, Zugriff: 20.02.2024.

91 Spivak, Gayatri C. (2016): Can the Subaltern Speak? Postkolonialität und subalterne Artikulation. Wien: Turia + Kant.

92 Dazu gehören die aufstrebenden ›asiatischen Tigerstaaten‹, aber auch die anderen BRICS-Staaten (neben China bilden Brasilien, Russland und Indien den Kern der Gruppe), die zunehmend eine Gegenmacht zu den westlichen Staaten bilden.

93 So versuchen einige Autor*innen der ideologisch geprägten westlichen Sicht zu entkommen, beispielsweise Kronauer, Jörg (2019): Der Rivale. Chinas Aufstieg zur Weltmacht und die Gegenwehr des Westens. Hamburg KVV konkret; Behrens, Uwe (2021): Was wir alles nicht über die Volksrepublik wissen. Berlin: Eulenspiegel Verlagsgruppe Buchverlage GmbH; sowie Brie, Michael (2023): Chinas Sozialismus neu entdecken. Ein hellblaues Bändchen jenseits der Frosch-Perspektive auf ein spannendes Experiment. Hamburg: VSA Verlag.

94 Climate Data Check (2023): CO2-Konzentration zwischen 1750 und 1900. https://cdatac.de/index.php/co2-conc/co2-konzentration-zwischen-1750-und-1900/, Zugriff: 02.11.2023.

95 Schrader, Christoph (2023): Klimawandel – die gestörte Balance. bpb. https://www.bpb.de/themen/klimawandel/dossier-klimawandel/517115/klimawandel-die-gestoerte-balance/, Zugriff: 02.11.2023; McNeil, Leila (2016): This Suffrage-Supporting Scientist Defined the Greenhouse Effect But Didn't Get the Credit, Because Sexism. https://www.smithsonianmag.com/science-nature/lady-scientist-helped-revolutionize-climate-science-didnt-get-credit-180961291/, Zugriff: 02.11.2023.

96 Schrader, Christoph (2023); Meadows, Dennis, Meadows, Donella, Zahn, Erich, Milling, Peter (1972): Die Grenzen des Wachstums. Bericht des Club of Rome zur Lage der Menschheit. Stuttgart: Deutsche Verlags-Anstalt.

97 Rahmenübereinkommen der Vereinten Nationen über Klimaänderungen (UNFCCC). 9. Mai 1992. https://unfccc.int/resource/docs/convkp/convger.pdf, Art. 2.

98 Marx, Karl (1978 [1845]), S. 6.

99 Marx, Karl (1985a [1894]), S. 57f.

100 ebd., S. 630ff.

101 Hickel, Jason (2022): Weniger ist mehr. Warum der Kapitalismus den Planeten zerstört und wir ohne Wachstum glücklicher sind. München: Oekom, S. 179-182.

102 Marx, Karl (1983 [1857/58]): Grundrisse der Kritik der politischen Ökonomie. In: Marx, Karl; Engels, Friedrich: Werke. MEW 42. Berlin: Dietz Verlag, S. 512.

103 Lenin, Wladimir Iljitsch (1977 [1921]): Die Neue Ökonomische Politik und die Aufgaben der Ausschüsse für politisch-kulturelle Aufklärung. Referat auf dem II. Gesamtrussischen Kongreß der Ausschüsse für politisch-kulturelle Aufklärung 17. Oktober 1921. Lenin-Werke Band 33, S. 42.

104 Marx, Karl; Engels, Friedrich (1977b [1848]): Manifest der Kommunistischen Partei. In: Dies.: Werke. MEW 4. Berlin: Dietz Verlag, S. 484f.

105 Gemäß einem Bericht der Food and Agriculture Organisation (FAO) wird weltweit längst mehr als genug Nahrung produziert, um alle Menschen zu versorgen: Food and Agriculture Organisation of the United Nations (2019): Food Security Indicators. Berechnung nach Weltagrarbericht unter https://www.weltagrarbericht.de/fileadmin/files/weltagrarbericht/Weltagrarbericht/02Hunger/Food_price_indices_data_oct_01.xls, Zugriff: 20.02.2024.

106 Feldmann, Dominik (2023): Multiple Krise? Begriff, Konzept, Aktualität. Zeitschrift Marxistische Erneuerung 34 (4), S. 19-27.

107 Fuchs, Christian (2021): Das digitale Kapital. Zur Kritik der politischen Ökonomie des 21. Jahrhunderts. Berlin: mandelbaum, S. 7.

108 Lenin, Wladimir Iljitsch (1971 [1916]): Über die „Junius"-Broschüre. Lenin-Werke Band 22. Berlin: Dietz Verlag, S. 322.

109 Bspw. Parenti, Michael (1997): Blackshirts & Reds. Rational Fascism & the Overthrow of Communism. San Francisco: City Lights Books; sowie Parenti, Michael (2016): The Face of Imperialism. Oxon/New York: Routledge; sowie Prashad, Vijay (2020): Washington Bullets. A History of the CIA, Coups, and Assassinations. New York: Monthly Review Press.

110 Engels, Friedrich (1975 [1878]): Herrn Eugen Dührings Umwälzung der Wissenschaft („Anti-Dühring"). Marx-Engels-Werke. Berlin: Dietz Verlag, S. 260.

111 Cereseto, Shirley; Waitzkin, Howard (1986): Economic Development, Political-Economic System, and the Physical Quality of Life. Abrufbar unter: https://www.ncbi.nlm.nih.gov/pmc/articles/PMC1646771/pdf/amjph00269-0055.pdf, Zugriff: 20.02.2024.

112 Fraser, Nancy (2023), S. 241.

113 Marx, Karl; Engels, Friedrich (1977b [1848]), S. 484; Engels, Friedrich (1987 [1880]): Die Entwicklung des Sozialismus von der Utopie zur Wissenschaft. In: Dies.: Werke. MEW 19. Berlin: Dietz Verlag, S. 191.

114 Dunkhase, Helmut (2012): Vorwort des Herausgebers. In: Cockshott, Paul W.; Cottrell, Allin: Alternativen aus dem Rechner. Für sozialistische Planung und direkte Demokratie. Köln: PapyRossa Verlag, S. 6.

115 Mit ›klassischem Geld‹ ist dabei unser alltägliches Geld gemeint, das in einem Austauschverhältnis zu den übrigens Waren steht und das von den Zentralbanken als Mittel indirekter Einflussnahme auf den wirtschaftlichen Bereich genutzt wird. Das Problem von klassischem Geld und Preisen für die Planwirtschaft ist die Tatsache, dass es den Arbeitsinhalt von Waren nicht wirklich abbildet. Es ist selbst Dynamiken unterworfen, die den Arbeitsinhalt über alle Waren hinweg verteilen und von Angebot-Nachfrage-Verhältnissen geprägt ist. Arbeitsgutscheine würden bei Cockshott und Cottrell den konkreten Arbeitsinhalt stärker abbilden, weswegen sie als Alternative vorgeschlagen werden.

116 Cockshott, Paul W.; Cottrell, Allin (2012): Alternativen aus dem Rechner. Für sozialistische Planung und direkte Demokratie. Berlin: PapyRossa Verlag, S. 46.

117 ebd., S. 52.

118 ebd., S. 58.

119 Dunkhase, Helmut (2022): Plädoyer für Planwirtschaft. Vom Umgang mit Widersprüchen in DDR, Sowjetunion und VR China. Köln: PapyRossa Verlag, S. 59.

120 Cockshott, Paul W.; Cottrell, Allin (2012), S. 94.

121 ebd.

122 ebd., S. 95.

123 ebd., S. 99.

124 ebd., S. 95.

125 ebd., S. 117.

126 ebd.

127 ebd., S. 161.

128 ebd., S. 165.

129 ebd.

130 ebd.

131 ebd., S. 169

132 ebd. S. 226f.

133 Marx unterscheidet in seiner Analyse zwischen der konkreten und der abstrakten Arbeit. Die konkrete Arbeit ist die tatsächlich geleistete Arbeit, die wir in Fabriken, Unternehmen, Büros und auf der Straße sehen können und deren zeitlichen Umfang wir mit einer Stoppuhr messen könnten. Die abstrakte Arbeit ist hingegen die Substanz des ›Wertes‹, der sich gesellschaftlich bildet. Die Größe dieses Wertes gibt Marx mit der ›gesellschaftlich notwendigen Arbeitszeit‹ an; also der Arbeitszeit, die ein*e durchschnittliche*r Arbeiter*in unter den aktuell gegebenen Produktionsbedingungen zur Produktion der Ware brauchen würde. Um den Begriff der ›abstrakten Arbeit‹ ist eine lange Diskussion entbrannt, inwiefern sie bereits mit der Produktion einer Ware gegeben ist oder sich erst bildet, wenn Waren am Markt aufeinandertreffen und sich damit in bestimmten Verhältnissen miteinander austauschen. Die Frage dreht sich für eine Planwirtschaft also darum, ob die Wertgröße schon feststeht, nachdem eine Ware fertig produziert wurde oder ob beispielsweise die Anerkennung geleisteter Arbeitszeit am Markt auf der Grundlage von zahlungsfähiger Nachfrage ebenfalls reinspielt. Während die ›klassische marxistische Ökonomie‹ davon ausgegangen war, dass die Wertgröße mit dem Ende der Produktion bereits gegeben ist, wurde diese Überzeugung insbesondere durch die Monetäre Werttheorie, besonders prominent und einflussreich in der Figur von Michael Heinrich verkörpert, infrage gestellt. Siehe dazu unter anderem: Heinrich, Michael (2020): Die Wissenschaft vom Wert. Die Marxsche Kritik der politischen Ökonomie zwischen wissenschaftlicher Revolution und klassischer Tradition. 8. Aufl. Münster: Verlag Westfälisches Dampfboot, S. 196-233; sowie Müller, Klaus (2016): Profit. Köln: PapyRossa Verlag, S. 24-41; sowie Krüger, Stephan; Müller, Klaus (2020): Das Geld im 21. Jahrhundert. Die Aktualität der Marxschen Wert- und Geldtheorie. Köln: PapyRossa, S. 19-35; sowie Krüger, Stephan (2010), S. 268-279, sowie die Debatte in der Zeitschrift Marxistische Erneuerung, Nr. 125-132.

[134] Bettelheim, Charles (1971): Theorie und Praxis sozialistischer Planung. München: Trikont, S. 46.

[135] Krüger, Stephan (2016), S. 242.

[136] ebd., S. 296

[137] ebd., S. 312f.

[138] Krüger, Stephan (2023), S. 229f.

[139] Krüger, Stephan (2016), S. 238.

[140] Krüger, Stephan (2023), S. 230.

[141] ebd., S. 229.

[142] Krüger, Stephan (2016), S. 394.

[143] ebd. S. 395.

[144] ebd., S. 394.

[145] Krüger, Stephan (2023), S. 229.

[146] Krüger, Stephan (2016), S. 394; Krüger, Stephan (2023), S. 229.

[147] Krüger, Stephan (2016), S. 243.

[148] ebd.

[149] Krüger, Stephan (2016), S. 417.

[150] Krüger, Stephan (2023), S. 229.

[151] ebd.

[152] Krüger, Stephan (2016), S. 421.

[153] Harbach, Heinrich; Reichardt, Tobias (2015): Einleitung. In: Marxistische Abendschule Hamburg (Hrsg.): Aufhebung des Kapitalismus. Die Ökonomie einer Übergangsgesellschaft. Hamburg: Argument Verlag, S. 10.

[154] Marx, Karl (1961 [1857]), S. 9.

[155] Marx, Karl; Engels, Friedrich (1990 [1845/46]), S. 35.

[156] Piketty, Thomas (2022): Der Sozialismus der Zukunft. Interventionen. München: C.H.Beck, S. 12.

[157] Brie, Michael (2022), S. 67.

[158] ebd., S. 149.

159 Gramsci, Antonio (1994 [1948-1951]): Gefängnishefte, Band 6, Hefte 10-11, herausgegeben von Haug, Wolfgang F.; Bochmann, Klaus; Jehle, Peter; Kuck, Gerhard. Hamburg: Argument Verlag, S. 1589.

160 Krüger, Stephan (2010), S. 666.

161 Holz, Hans H. (2020b): Theorie als materielle Gewalt – Die Klassiker der III. Internationale. Aufhebung und Verwirklichung der Philosophie, Band 2. Berlin: Eulenspiegel Verlagsgruppe Buchverlage, S. 67.

162 ebd., S. 131.

163 Kurt, Şeyda (2023): Hass. Von der Macht eines widerständigen Gefühls. Hamburg: HarperCollins, S. 15.

164 »Etwas hat sich verändert, grundsätzlich. Das liegt auf der Hand. Was ist es? Früher wollten sie alle die Pflugmänner der Geschichte sein, um die aktive Rolle zu spielen; jeder von ihnen wollte eine aktive Rolle spielen. Keiner wollte der ›Dünger‹ der Geschichte sein. Aber ist es möglich, zu pflügen, ohne vorher das Land gedüngt zu haben? Pflugmann und Dünger sind also beide notwendig. Im Abstrakten geben sie das alle zu. Aber in der Praxis? Dünger um Dünger verflüchtigt sich, kehrt zu den Schatten zurück, in die Dunkelheit. Nun hat sich etwas geändert, seit es jene gibt, die sich ›philosophisch‹ daran gewöhnen, ›Dünger‹ zu sein, die wissen, dass sie das sein müssen...«, Gramsci, Antonio, zitiert in: Anderson, Perry (2023): Über den westlichen Marxismus. Berlin: Dietz Verlag, S. 96.